Etienne Bienvenu AKONO

OUM "Marc1:1" MBOGBA

MANUEL DE STATISTIQUE DESCRIPTIVE

1ère année d'économie et de gestion des facultés des sciences économiques et des écoles de commerce

L'Harmattan

La rédaction de ce document a été rigoureuse et sérieuse, cependant certaines incompréhensions et erreurs peuvent s'y trouver, j'en assume seul la responsabilité et vous remercie de me signaler celles que vous pourriez y relever. Plus généralement, si vous avez des remarques, n'hésitez pas à m'en faire part. Je précise que tous les exemples présents dans ce document sont fictifs, toute ressemblance avec la réalité n'est que pure coïncidence.

Pr. AKONO Etienne Bienvenu

5-7, rue de l'École-Polytechnique, 75005 Paris

http://www.editions-harmattan.fr

ISBN : 978-2-14-031208-3
EAN : 9782140312083

Table des matières

Chapitre 0 : Introduction générale à la statistique

De nos jours, le stockage et le traitement de l'information sont des enjeux majeurs dans la compréhension et la prévision des phénomènes. De ce fait, la pratique de la statistique est devenue indispensable dans la quasi-totalité des secteurs d'activité, notamment en sciences sociales. Elle permet de synthétiser numériquement et graphiquement l'information afin d'en ressortir la quintessence.

La statistique est une approche scientifique qui consiste à décrire ou (et) prédire un évènement par la collecte, le traitement et l'interprétation d'un ensemble d'informations.

L'ensemble d'informations constituent ce qu'on appelle les données. Faire de la statistique consiste donc à recueillir les données, les analyser et en interpréter les résultats.

La statistique se définit également comme une valeur numérique précise sur un événement.

Exemple : Le nombre de buts, de tirs cadrés, de fautes et de cartons constituent les statistiques d'un match de football.

Les deux définitions sont plus complémentaires qu'antagonistes, mais il ne faut surtout pas les confondre. On retiendra que le nombre ou le pourcentage d'entreprises créées dans la région du Littoral en 2019 est une statistique de l'entreprenariat, faire de la statistique serait par exemple recueillir le nombre ou le pourcentage d'entreprises créées dans les 10 régions du Cameroun et réaliser un graphique ou calculer une moyenne.

Faire de la statistique nécessite donc de connaître les principales méthodes en fonction des objectifs à atteindre, mais avant il est important de maîtriser le vocabulaire de base.

1. Vocabulaire de base

La **population** est l'ensemble où les données à analyser sont recueillies.

Exemple : On s'intéresse aux salaires des employés d'une entreprise, la population sera l'ensemble des employés de l'entreprise. On s'intéresse aux marques de voitures dans un parking de Douala, la population sera l'ensemble des voitures du parking.

L'**individu** est un unique élément de la population.

En reprenant l'**exemple** précédent, dans le premier cas, l'individu sera un employé de l'entreprise et dans le deuxième cas, l'individu sera une voiture du parking.

L'**échantillon** est un sous-ensemble de la population.

En reprenant l'**exemple** précédent, on aura un échantillon dans le premier cas, si on ne s'intéresse qu'aux salaires des cadres et dans le deuxième cas, si on ne s'intéresse qu'aux marques européennes.

La **taille** de la population (ou de l'échantillon) est le nombre total des individus. Elle est également appelée l'**effectif total**.

L'**enquête** est une opération visant à observer (mesurer, questionner...) les individus d'une population afin de recueillir les données.

En reprenant l'**exemple** précédent, l'enquête consiste dans le premier cas à demander aux employés leurs salaires et dans le deuxième à relever la marque de chaque voiture.

Les **observations** sont les valeurs obtenues dans une enquête. On parle également de **valeurs observées**.

Le **recensement** est une enquête où la population tout entière est observée. On parle alors d'enquête exhaustive.

Le **sondage** est une enquête où un échantillon **strict** de la population est observé.

Le **caractère** est la particularité qu'on relève chez les individus afin d'avoir les observations.

En reprenant l'**exemple** précédent, le caractère dans le premier cas sera : « le salaire » et dans le deuxième « la marque de la voiture ».

La **variable** est un ensemble d'observations obtenues à partir d'un caractère défini sur la population.

Remarque : Mathématiquement, une variable est une application définie sur la population vers un ensemble d'observations. Par conséquent, il ne peut qu'y avoir une et une seule observation possible par individu[3].

Une variable est toujours associée à un caractère. En statistique descriptive, les deux termes sont confondus.

- Une variable[4] (ou un caractère) est **quantitative** si les observations sont des nombres dont la soumission à des opérations arithmétiques est sensée.
- Une variable (ou un caractère) est **qualitative** si les observations sont des qualités. Dans ce cas précis, elles[5] sont appelées les modalités.

Les **données** sont l'ensemble des individus et l'ensemble des variables considérées. Elles peuvent être :

- **Unidimensionnelles**, il n'y a qu'une seule variable considérée.
- **Bidimensionnelles**, il n'y a que deux variables considérées.
- **Multidimensionnelles**, il y a au moins trois variables considérées.

La nature des variables et les objectifs à atteindre déterminent le choix de la méthode d'analyse à utiliser. Ces méthodes se basent essentiellement sur les mathématiques et se classent principalement en deux groupes :

- Les méthodes descriptives

---

[3] C'est une conséquence directe du fait qu'une variable soit une application.
[4] Fondamentalement, c'est le caractère qui est quantitatif ou qualitatif.
[5] Les observations ou les valeurs observées

- Et les méthodes inférentielles.

On parle alors de statistique descriptive et statistique inférentielle.

2. Statistique descriptive et statistique inférentielle

2.1. Statistique descriptive

La statistique descriptive est l'ensemble des méthodes permettant de décrire les données[6]. Elle s'appuie sur trois principales étapes :

- La présentation simple et synthétique des données
- La représentation graphique
- Le calcul des caractéristiques ou des résumés numériques

La statistique descriptive n'admet aucune hypothèse de type probabiliste sur les variables, concrètement cela signifie que sa mise en application n'est pas dépendante du fait que les variables suivent une loi de probabilité ou pas.

Remarques : Les termes statistique descriptive, statistique exploratoire et analyse descriptive de données sont quasi-synonymes.

2.2. Statistique inférentielle

La statistique inférentielle est l'ensemble des méthodes dont l'objectif est d'induire un caractère sur une

---

[6] La statistique descriptive consiste donc à décrire les **individus** et les **variables**.

population à partir de l'analyse d'un échantillon issu de cette population.

Concrètement, on veut étudier un caractère sur une population, mais pour une raison ou une autre, disposer de la totalité des individus est impossible. Pour y remédier, on choisira alors un échantillon sur lequel l'étude sera réalisée et les résultats obtenus seront inférés à toute la population. Elle s'appuie également sur trois étapes :

- Le choix du modèle
- La validation du modèle retenu
- L'estimation des paramètres du modèle

Les hypothèses de type probabiliste sur les variables sont **indispensables** en statistique inférentielle ; autrement dit, elle dépend largement des lois de probabilités suivies par les variables.

Remarques : Les termes statistique bayésienne, statistique inductive, statistique inférentielle et statistique mathématique sont quasi-synonymes.

3. Un peu d'histoire

Les premières traces de la statistique remontent à l'antiquité. Elle consistait principalement en un ensemble de techniques de collecte de données pour le compte des Etats. Les premiers textes retrouvés étaient l'enregistrement de la population, du bétail, de la production agricole et de certains phénomènes naturels récurrents.

Au $18^{\text{ème}}$ siècle, le besoin de faire des estimations et de la prévision à partir des données collectées ; notamment dans les domaines de la démographie et de la santé donne naissance à la statistique descriptive.

Au 19ème siècle, les progrès en sciences mathématiques et physiques ; en particulier la théorie de probabilités ; permettent le développement de la statistique inférentielle. Au milieu du siècle, commencent les premières coopérations internationales entre statisticiens. La statistique se développe et devient alors un domaine à part entière des mathématiques.

Depuis les années 1960, l'éclosion et la vulgarisation de l'outil informatique ont permis une nette amélioration du traitement des données, en particulier multidimensionnelles.

Aujourd'hui, la puissance de calcul des ordinateurs permet de traiter des masses de données de plus en plus importantes.

Partie I

Statistique descriptive unidimensionnelle (uni-variée)

Dans cette partie nous nous intéressons à l'ensemble des méthodes permettant de décrire des données unidimensionnelles. Soit X une variable statistique obtenue à partir d'un caractère définit sur une population.

L'objectif est d'analyser la variable X, on commencera par la présenter d'une manière simple et synthétique, ensuite, on la représentera graphiquement et enfin on calculera les résumés numériques.

Les graphiques et les résultats obtenus sont fonction de la nature de la variable, le but ultime étant de décrire le comportement de la population par rapport au caractère étudié.

Nous verrons premièrement le cas d'une variable quantitative discrète, ensuite le cas d'une variable quantitative continue et enfin le cas d'une variable qualitative (nominale et ordinale).

Chapitre 1 : Variable quantitative discrète

Une variable quantitative X est dite discrète si l'ensemble des observations est fini ou dénombrable.

Remarque : Les observations d'une variable quantitative discrète sont en général des entiers ($\in \mathbb{N}$). Dans certains cas, elles peuvent être des décimales.

Enquête 1 : On a relevé le nombre de ventes effectuées la première semaine du mois de Janvier par 50 vendeurs à la sauvette d'une même rue du centre-ville de Douala.

Soit la variable X: "Nombre de ventes effectuées la première semaine du mois de Janvier"

X:

8	3	5	8	4	2	8	7
	9	4					
3	1	7	2	8	2	9	8
	4	0					
2	8	5	4	0	8	7	4
	3	1					
6	5	4	9	2	3	8	6
	0	3					
0	8	1	9	7	8	7	2
	0	1					

1. Présentation des données

Les observations de l'enquête 1 ne sont pas présentées de façon à être facilement exploitables ; par exemple, il n'est pas évident de repérer du premier coup d'œil le nombre de fois que la valeur 8 apparaît. Pour y remédier, nous allons les présenter dans un tableau.

1.1. Tableau statistique

Un tableau statistique est un tableau dont la première colonne contient l'ensemble des "r" observations distinctes classées dans l'ordre croissant et non répétées, notées x_i. La seconde, les "r" effectifs respectifs ; notés n_i ; autrement dit le nombre d'individus présentant l'observation x_i.

x_i	n_i
0	5
1	4
2	6
3	5
4	6
5	3
6	2
7	5
8	10
9	4

On note :

- x_i et n_i respectivement la i^{ème} observation et son effectif, avec $r \in \mathbb{N}$ et $1 \leq i \leq r$.

• $x_3 = 2$ et $n_3 = 6$, donc la 3ème observation est égale à 2 et son effectif égale à 6.

• **Interprétation :** 6 vendeurs ont effectués 2 ventes la première semaine du mois de Janvier.

Tableau 1: Tableau des effectifs

La **population :** les vendeurs à la sauvette d'une même rue du centre-ville de Douala

La **taille** ; noté n ; est égale à 50 ($n = 50$). Elle correspond à la somme des effectifs.

$$n = \sum_{i=1}^{r=10} n_i = n_1 + n_2 + n_3 + n_4 + n_5 + n_6 + n_7 + n_8 + n_9 + n_{10}$$

$$= 5 + 4 + 6 + 5 + 3 + 2 + 5 + 10 + 4 = 50$$

$r = 10$, c'est le nombre d'observations distinctes et non répétées, **à ne pas confondre** avec l'effectif total ($r = 10 \neq n = 50$).

Définitions :

- Les **valeurs extrêmes** sont la valeur minimale et la valeur maximale de la variable, notées respectivement Min et Max.

En reprenant les données de l'enquête 1, $Min = 0$ et $Max = 9$.

- Les **valeurs atypiques** ou **aberrantes** sont les valeurs trop grandes ou trop petites par rapport à l'ensemble des autres valeurs.

Les données de l'enquête 1 n'ont pas de valeurs atypiques, mais si on considère les observations suivantes :

1 2 7 8 8 9 10 11 12 12 18

On peut considérer les valeurs 1, 2 et 18 comme atypiques

- Une **série statistique** est l'ensemble ordonné de toutes les observations.
    - Sauf mention du contraire, on considérera toujours que les observations d'une série sont dans l'ordre croissant.

En reprenant l'enquête 1 la série de X sera :

0	0	0	0	0	1	1	1
	1	2					
2	2	2	2	2	3	3	3
	3	3					
4	4	4	4	4	4	5	5
	5	6					
6	7	7	7	7	7	8	8
	8	8					
8	8	8	8	8	8	9	9
	9	9					

- Une **série groupée** est l'ensemble des couples formés par les observations et les effectifs respectifs (x_i, n_i).
    - Le tableau 1 correspond à une série groupée.

Remarque : Dans la suite du cours, on notera V_i la i^{ème} observation d'une série, **à ne pas confondre** avec x_i la i^{ème} observation d'une série groupée.

- La série sera l'ensemble des n observations dans l'ordre croissant $V_1, V_2, \cdots, V_n$
- La série groupée sera l'ensemble des r observations distinctes dans l'ordre croissant et non répétées $x_1, x_2, \cdots, x_r$ et les effectifs respectifs $n_1, n_2, \cdots, n_r$.

1.2. Fréquences

En pratique à la place des effectifs n_i , on représente souvent les fréquences ; noté f_i ; avec :

$$f_i = \frac{n_i}{n}$$

Remarques : Les f_i sont généralement exprimées en pourcentage ; notées $f_i(\%)$; avec :

$$f_i(\%) = f_i \times 100 = \frac{n_i}{n} \times 100$$

Nous donnons le tableau des fréquences et des pourcentages

x_i	f_i	$f_i(\%)$
0	0.1	10
1	0.08	08
2	0.12	12
3	0.1	10
4	0.12	12
5	0.06	06
6	0.04	04
7	0.1	10
8	0.2	20
9	0.08	08

Tableau 2: Tableau des fréquences

On note :

- f_i et $f_i(\%)$ respectivement la fréquence et le pourcentage de l'observation x_i

•$f_3 = \frac{n_3}{n} = \frac{6}{50} = 0.12 \Leftrightarrow$ $f_3(\%) = 12\%$, qui est le pourcentage de l'observation $x_3 = 2$

- **Interprétation :** 12% des vendeurs ont effectués 2 ventes la première semaine du mois de Janvier.

Remarque :

- La somme totale des fréquences est égale à 1

$$\sum_{i=1}^{r=10} f_i = 0.1 + 0.08 + 0.12 + 0.1 + 0.12 + 0.06 + 0.04 + 0.1 + 0.2 + 0.08 = 1$$

- La somme totale des pourcentages est égale à 100

$$\sum_{i=1}^{r=10} f_i\,(\%) = 10 + 08 + 12 + 10 + 12 + 06 + 04 + 10 + 20 + 08 = 100\%$$

Définition :

Une distribution est l'ensemble des couples formés par les observations et les fréquences respectives (x_i, f_i).

- Le tableau 2 correspond à une distribution.

Attention : Ne pas confondre la distribution avec la série groupée. La distribution est l'ensemble des r observations distinctes et non répétées $x_1, x_2, \cdots, x_r$ et les fréquences respectives $f_1, f_2, \cdots, f_r$, avec également pour taille $r = 10$.

1.3. Effectifs cumulés et fréquences cumulées

Le tableau statistique est souvent complété par les effectifs cumulés ou les fréquences cumulées respectivement notés N_i et F_i et définis par :

$$N_i = \sum_{j=1}^{i} n_j \text{ et } F_i = \sum_{j=1}^{i} f_j$$

Avec N_i et F_i respectivement, l'effectif et la fréquence cumulée de l'observation x_i.

En reprenant les données de l'enquête 1, nous calculons N_6 et F_4 :

- $N_6 = \sum_{j=1}^{6} n_j = n_1 + n_2 + n_3 + n_4 + n_5 + n_6 = 5 + 4 + 6 + 5 + 6 + 3 = 29$
- $F_4 = \sum_{j=1}^{4} f_j = f_1 + f_2 + f_3 + f_4 = 0.1 + 0.08 + 0.12 + 0.10 = 0.40$

Nous ajoutons aux tableaux précédents les effectifs et les fréquences cumulés

x_i	n_i	N_i	f_i	F_i
0	5	5	0.10	0.10
1	4	9	0.08	0.18
2	6	15	0.12	0.30
3	5	20	0.10	0.40
4	6	26	0.12	0.52
5	3	29	0.06	0.58
6	2	31	0.04	0.62
7	5	36	0.10	0.72
8	10	46	0.20	0.92
9	4	50	0.08	1

Tableau 3: Tableau des effectifs et fréquences cumulés

Interprétation : N_i ou $F_i(F_i(\%))$ représente respectivement le nombre ou la proportion (le pourcentage) d'individus présentant une observation inférieure ou égale ($\leq$) à x_i.

En reprenant les données de l'enquête 1,

- $N_2 = 9$, donc 9 des vendeurs ont effectué **au plus** 1 vente la première semaine du mois de Janvier.
- $F_2(\%) = 18\%$, donc 18% des vendeurs ont effectué **au plus** 1 vente la première semaine du mois de Janvier.

Remarque :

- N_i et F_i se notent respectivement $N(x_i)$ et $F(x_i)$
- $N_r = n$ et $F_r = 1$
- Les F_i s'exprimer aussi en pourcentage : $F_i(\%) = F_i \times 100$.
- Les F_i sont égales au rapport entre les effectifs cumulés et l'effectif total

$$F_i = \frac{N_i}{n}$$

Remarque : Les effectifs et les fréquences (cumulés ou non) fournissent la même information. En pratique, il est rare d'interpréter les deux à la fois.

2. Représentations graphiques usuelles

Pour une variable quantitative discrète, on réalise généralement deux types de représentations graphiques, le diagramme en bâtons et le diagramme cumulatif.

2.1. Diagramme en bâtons

Le diagramme en bâtons est un graphique qui représente les effectifs n_i, ou les fréquences f_i (ou pourcentages $f_i(\%)$) en fonction des observations x_i.

Il est constitué de deux axes gradués perpendiculaires, l'axe vertical, en abscisses pour les x_i et l'axe horizontal, en ordonnées, pour les n_i.

Il se construit en traçant tous les segments perpendiculaires à l'axe des abscisses, formés par les points $(x_i, 0)$ et (x_i, n_i). Au final nous aurons r segments parallèles représentant les n_i.

En reprenant les données de l'enquête 1, nous avons le diagramme en bâtons suivant :

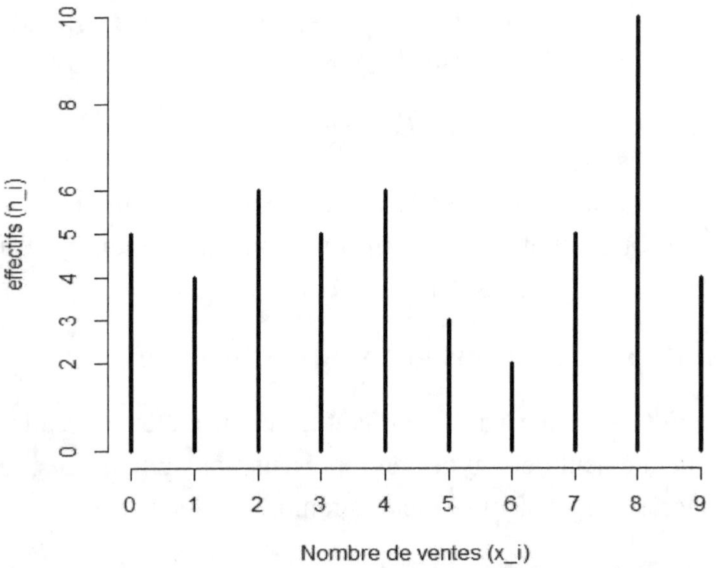

Figure 1: Le diagramme en bâtons

Remarque : Que l'on travaille avec les n_i ou les f_i (ou $f_i(\%)$) cela ne change pas l'allure du diagramme en bâtons.

2.2. Diagramme cumulatif

Le diagramme cumulatif est un graphique qui représente les effectifs N_i, ou les fréquences F_i (ou pourcentages $F_i(\%)$) cumulés en fonction des observations x_i.

Il est constitué de deux axes gradués perpendiculaires, l'axe des abscisses pour les x_i et l'axe des ordonnées pour les N_i.

Il se construit en traçant tous les segments perpendiculaires à l'axe des ordonnées formés par les points (x_i, N_i), (x_{i+1}, N_i) et la demi-droite parallèle aux segments ayant pour origine le point (x_r, N_r).

En reprenant les données de l'enquête 1, nous avons le diagramme cumulatif suivant :

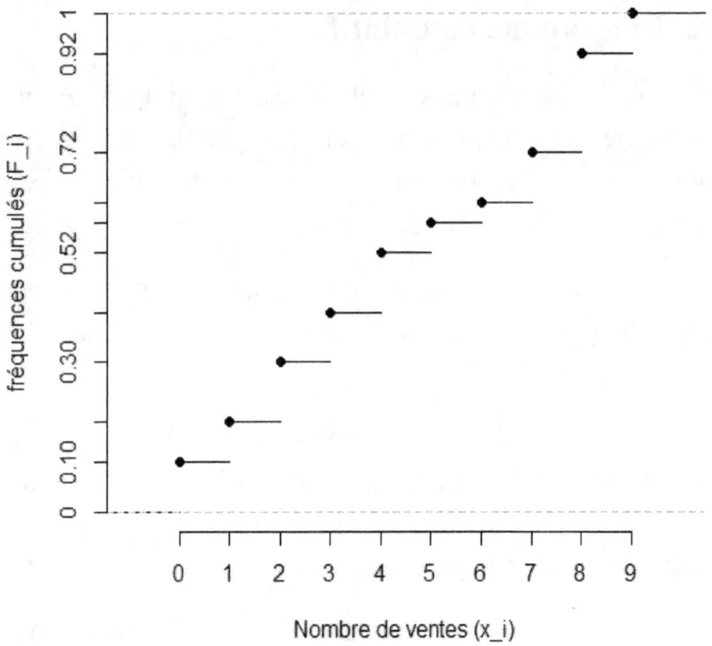

Figure 2: Diagramme cumulatif

Remarque :

- A cause de sa forme, le diagramme cumulatif est aussi appelé diagramme en escaliers.
- Que l'on travaille avec les N_i ou les F_i (ou $F_i(\%)$) cela ne change pas l'allure du diagramme cumulatif.

3. Caractéristiques (ou résumés) numériques

Les caractéristiques numériques sont un ensemble de valeurs qui permettent de résumer la série et les représentations graphiques.

On distingue les caractéristiques de tendance centrale, les caractéristiques de dispersion, les caractéristiques de concentration[7], et les caractéristiques de forme[8].

3.1. Caractéristiques de tendance centrale ou de position ou de localisation

Les caractéristiques de tendance centrale sont des valeurs numériques permettant de donner une vue d'ensemble de la répartition des observations.

On distingue principalement, la moyenne, la médiane et le mode.

3.1.1. Moyenne

3.1.1.1. Moyenne arithmétique (simple, pondérée)

La moyenne arithmétique ; notée $\bar{x}$; est le centre de gravité d'une série. Elle est égale à :

$$\bar{x} = \frac{1}{n}\sum_{i=1}^{n} V_i \; (simple) \; ou \; \bar{x} = \frac{1}{n}\sum_{i=1}^{r} n_i x_i$$

$$= \sum_{1}^{r} f_i x_i \; (pondérée)$$

[7] Traité au chapitre2

[8] Pas traité dans ce cours

En reprenant les données de l'enquête 1 la moyenne arithmétique est :

$$\bar{x} = \frac{1}{50}(5*0+4*1+6*2+5*3+6*4+3*5+2*6+5*7+10*8+9*4)$$

$$= \frac{1}{50}(0+4+12+15+24+15+12+35+80+36)$$

$$= \frac{1}{50}(233)$$

$$\bar{x} = 4.66$$

Interprétation : L'ensemble des vendeurs ont effectué en moyenne 4 à 5 ventes la première semaine du mois de janvier. Concrètement cela signifie que si tous ont réalisé le même nombre de ventes, il serait de 4.66 ventes par vendeur.

Propriétés :

- La somme des écarts (pondérés) à la moyenne est toujours nulle :

$$\sum_{i=1}^{n}(V_i - \bar{x}) = 0 \; ou \; \sum_{i=1}^{r} n_i(x_i - \bar{x}) = 0 \; (pondérés)$$

- Soit $a \in \mathbb{R}$ et X une variable quantitative discrète de moyenne arithmétique $\bar{x}$.
    - Si les valeurs de la série de X sont additionnées (éventuellement soustraites)

par a alors la moyenne $\bar{x}$ l'est aussi, donc $\overline{x+a} = \bar{x} + a$.

- Si les valeurs de la série de X sont multipliées (éventuellement divisées) par a alors la moyenne $\bar{x}$ l'est aussi, donc $\overline{ax} = a\bar{x}$.

3.1.1.2. Moyenne géométrique

Soit r observations distinctes $x_1, x_2, \cdots, x_r$ d'effectifs respectifs $n_1, n_2, \cdots, n_r$ et d'effectif total $n = \sum_{i=1}^{r} n_i$, alors la moyenne géométrique ; notée $\bar{x}_G$; est égale à :

$$\bar{x}_G = \left(x_1^{n_1} \times x_2^{n_2} \times \cdots \times x_r^{n_r}\right)^{\frac{1}{n}} = \sqrt[n]{x_1^{n_1} \times x_2^{n_2} \times \cdots \times x_r^{n_r}}$$
$$= x_1^{f_1} \times x_2^{f_2} \times \cdots \times x_r^{f_r}$$

Elle est principalement utilisée pour calculer la moyenne des taux de variations.

Exemple : Les ouvriers d'une entreprise nouvellement créée augmentent de 10% la première année et de 5% la deuxième. Donner le taux de remplissage moyen en deux ans.

Soit S_0 , le nombre d'ouvriers à la base, S_1, le nombre d'ouvriers la 1ère année et S_2 , le nombre d'ouvriers la 2ème année. Nous avons :

- $S_1 = S_0 + \frac{10}{100} S_0 = S_0 + 0.1 S_0 = 1.1 S_0$
- $S_2 = S_1 + \frac{5}{100} S_1 = S_1 + 0.05 S_1 = 1.05 S_1$

On trouve le coefficient multiplicateur moyen en deux ans, en faisant la moyenne géométrique des coefficients multiplicateurs.

$$\bar{x}_G = \sqrt[2]{1.1 \times 1.05} = \sqrt[2]{1.155} = 1.074709$$

On en déduit le taux de remplissage moyen en deux ans :

$$\Delta\% = (1.074709 - 1) \times 100 = 7.4709\%$$

En deux ans le nombre d'ouvriers de l'entreprise a augmenté de 7.4709%

3.1.1.3. Moyenne harmonique

Soit r observations distinctes $x_1, x_2, \cdots, x_r$ d'effectifs respectifs $n_1, n_2, \cdots, n_r$ et d'effectif total $n = \sum_{i=1}^{r} n_i$, alors la moyenne harmonique ; notée $\bar{x}_H$; est égale à :

$$\bar{x}_H = \frac{n}{\frac{n_1}{x_1} + \frac{n_2}{x_2} + \cdots + \frac{n_r}{x_r}}$$

Elle est principalement utilisée pour calculer la moyenne des ratios[9], en particulier lorsque l'on veut la vitesse moyenne de différentes vitesses sur des trajets de même distance.

Exemple : Un bus quitte un hôtel pour récupérer des clients à l'aéroport de Douala et les ramener à l'hôtel. Il emprunte un même trajet en faisant $20km/h$à l'aller et $30km/h$ au

[9] Un ratio entre deux nombres est le rapport du premier par le second (Wikipédia).

retour. Quelle est la vitesse moyenne du bus quand il fait l'aller-retour hôtel-aéroport ?

La vitesse moyenne correspond à la moyenne harmonique :

$$\bar{x}_H = \frac{2}{\frac{1}{20} + \frac{1}{30}} = \frac{2}{\frac{3}{60} + \frac{2}{60}} = \frac{2}{\frac{5}{60}} = \frac{2}{\frac{1}{12}} = \frac{2 * 12}{1} = 24km/h$$

Remarque : On a toujours la moyenne harmonique qui est inférieure ou égale à la moyenne géométrique qui est inférieure ou égale à la moyenne arithmétique.

$$\bar{x}_H \leq \bar{x}_G \leq \bar{x}$$

3.1.2. Médiane

La médiane ; notée Me ; est une valeur numérique qui partage la série en deux échantillons de même taille. Elle correspond au milieu de la série.

Propriété : Soit $\alpha \in \mathbb{R}$ tel que $\alpha \in [0,1]$. Si la valeur x_α est la médiane d'une ***série***, alors :

- l'effectif cumulé qui lui est associé est égal à $\frac{n}{2}$

$$N(x_\alpha) = \frac{n}{2}$$

- la fréquence cumulée qui lui est associée est égale à 0.5 (ou 50%)

$$F(x_\alpha) = 0.5\ (ou\ 50\%)$$

Interprétation : On en déduit que si x_α est la médiane alors, la moitié $\left(\frac{n}{2} \text{ ou } 50\%\right)$ des individus présente une observation $\leq x_\alpha$.

3.1.2.1. Détermination de la médiane : 1ère méthode

Soit une ***série*** statistique de n observations $V_1, V_2, \cdots, V_n$.

Cas 1 : *n* pair

Si n est pair, alors la médiane est égale à :

$$Me = \frac{V_{\left(\frac{n}{2}\right)} + V_{\left(\frac{n}{2}+1\right)}}{2}$$

La médiane sera donc le centre de l'intervalle formé par la $\left(\frac{n}{2}\right)^{\text{ème}}$ et la $\left(\frac{n}{2}+1\right)^{\text{ème}}$ valeur de la série.

Exemple : Soit une série correspondant aux notes d'une classe 1 à un devoir :

6 7 7 8 9 9 11 11 12 13 17 18

$n = 12$, on a $\frac{n}{2} = \frac{12}{2} = 6$ et $\frac{n}{2} + 1 = \frac{12}{2} + 1 = 6 + 1 = 7$, la médiane est égale à :

$$Me = \frac{V_6 + V_7}{2} = \frac{9 + 11}{2} = \frac{20}{2} = 10$$

Donc la moitié des notes de cette classe sont inférieures ou égales à 10.

Cas 2 : *n* impair

Si n est impair, alors la médiane est égale à :

$$Me = V_{\left(\frac{n+1}{2}\right)}$$

La médiane sera donc la $\left(\frac{n+1}{2}\right)^{\text{ème}}$ valeur de la série.

Exemple : Soit une série correspondant aux notes d'une classe 2 à un devoir :

3 4 4 4 5 6 12 13 15 15 15 15 19

$n = 13$, on a $\frac{n+1}{2} = \frac{13+1}{2} = \frac{14}{2} = 7$, la médiane est égale à :

$$Me = V_7 = 12$$

Donc la moitié des notes de cette classe sont inférieures ou égales à 12.

3.1.2.2. Détermination de la médiane : 2ème méthode

Soit une ***série groupée*** ou une ***distribution*** de r observations $x_1, x_2, \cdots, x_r$ et d'effectif total n, on calcule les effectifs cumulés (N_i) ou les fréquences cumulées (F_i) :

- S'il existe un $N_i = \frac{n}{2}$ ou une $F_i = 0.5$ (ou 50%), alors l'observation qui y est associée correspond à la médiane.

- Sinon on choisit l'observation dont N_i est juste supérieur à $\frac{n}{2}$ ou F_i juste supérieure à 0.5 (ou 50%)

En reprenant les données de l'enquête 1 :

- **La 1ère méthode :** $n = 50$ (pair), $\frac{n}{2} = \frac{50}{2} = 25$ et $\frac{n}{2} + 1 = \frac{50}{2} + 1 = 25 + 1 = 26,$ donc la médiane est égale à :

$$Me = \frac{V_{25} + V_{26}}{2} = \frac{4+4}{2} = \frac{8}{2} = 4$$

avec V_{25} et V_{26}, la 25ème et la 26ème valeur de la série.

- **La 2ème méthode :** On regarde le tableau des N_i ou des F_i, on constate qu'il n'existe pas de $N_i = \frac{n}{2} = 25$ ou de $F_i = 0.5$, alors on choisit pour médiane l'observation dont N_i est juste supérieur à $\frac{n}{2}$ c'est-à-dire $N_5 = 26$ ou F_i est juste supérieure à 0.5 c'est-à-dire $F_5 = 0.52$, donc $Me = x_5 = 4$

Interprétation : La moitié des vendeurs ont effectué **au plus** 4 ventes la première semaine du mois de janvier.

3.1.3. Mode

Le mode ; noté Mo ; est l'observation ayant le plus grand effectif ou la plus grande fréquence. Autrement dit c'est l'observation qui apparaît le plus de fois dans la série.

En reprenant les données de l'enquête 1, le mode est 8. Cela signifie que la majorité[10] des vendeurs ont effectué 8 ventes la première semaine du mois de janvier.

Remarque :

- Si tous les effectifs d'une série groupée sont égaux, alors il n'y a pas de mode
- Une série peut avoir deux ou plusieurs modes, on parle alors d'une série bimodale ou plurimodale.

3.1.4. Quantiles ou fractiles

Les quantiles sont un ensemble de $k-1$ valeurs numériques qui partagent la série en k échantillons de même taille. Avec $k \in \mathbb{N}$, et $k \geq 2$.

Remarque : Si $k = 2$, il y a un seul quantile, c'est la médiane.

Principe : Soit $\alpha \in \mathbb{R}$ et $\alpha \in [0,1]$, et soit une observation x_α telle que son effectif cumulé soit égale à $n\alpha$ ($N(x_\alpha) = n\alpha$) et sa fréquence cumulée égale à α ($F(x_\alpha) = \alpha$). Alors x_α est appelée le quantile d'ordre α.

---

[10] J'utilise le terme « majorité » sachant que l'expression « majorité absolue » correspond à plus de la moitié

En pratique, les quantiles les plus utilisés sont les quartiles, les déciles et les centiles.

3.1.4.1. Quartiles ($k = 4$)

Les quartiles sont un ensemble de 3 valeurs numériques qui partagent la série en 4 échantillons de même taille.

Ils sont notés q_1, q_2 et q_3 ou $x_{\frac{1}{4}}$, $x_{\frac{1}{2}}$ et $x_{\frac{3}{4}}$ respectivement pour le 1er, le 2ème, et le 3ème quartile avec $\frac{1}{4}$, $\frac{1}{2}$ et $\frac{3}{4}$ leurs ordres respectifs.

Interprétation : Soit une série statistique de n observations, on a :

- Le quart $\left(\frac{n}{4} \text{ ou } 25\%\right)$ des individus présente une observation $\leq q_1$.
- La moitié $\left(\frac{n}{2} \text{ ou } 50\%\right)$ des individus présente une observation $\leq q_2$
- Les trois-quarts $\left(\frac{3n}{4} \text{ ou } 75\%\right)$ des individus présentent une observation $\leq q_3$

Détermination des quartiles :

Soit une série statistique de n observations $V_1, V_2, \cdots, V_n$.

1ère méthode :

- Pour déterminer q_1, on multiplie l'effectif total par $\frac{1}{4}$:
  - Si l'on obtient un entier j, alors q_1 est la $j^{\text{ème}}$ observation de la série.
  - Si l'on obtient une décimale d, alors q_1 est l'observation de rang correspondant à l'entier juste supérieur à d.
- Pour déterminer q_3, on multiplie l'effectif total par $\frac{3}{4}$:
  - Si l'on obtient un entier j, alors q_3 est la $j^{\text{ème}}$ observation de la série.
  - Si l'on obtient une décimale d, alors q_3 est l'observation de rang correspondant à l'entier juste supérieur à d.

Remarque : q_2 correspond à la médiane

On reprend l'**exemple** des séries correspondant aux notes d'une classe 1 et 2 à un devoir :

Classe 1 :

6 7 7 8 9 9 11 11 12 13 17 18

$n = 12$, on a $\frac{n}{4} = \frac{12}{4} = 3$, alors le 1er quartile est la 3ème observation de la série :

$$q_1 = V_3 = 7$$

Donc 25% des notes de cette classe sont inférieures ou égales à 7.

On a $\frac{3n}{4} = \frac{3*12}{4} = \frac{36}{4} = 9$, alors le 3ème quartile est la 9ème observation de la série :

$$q_3 = V_9 = 12$$

Donc 75% des notes de cette classe sont inférieures ou égales à 12.

Classe 2 :

3 4 4 4 5 6 12 13 15 15 15 15 19

$n = 13$, on a $\frac{n}{4} = \frac{13}{4} = 3.25$, alors le 1er quartile est la 4ème observation de la série :

$$q_1 = V_4 = 4$$

Donc 25% des notes de cette classe sont inférieures ou égales à 4.

On a $\frac{3n}{4} = \frac{3*13}{4} = \frac{39}{4} = 9.75$, alors le 3ème quartile est la 10ème observation de la série :

$$q_3 = V_{10} = 15$$

Donc 75% des notes de cette classe sont inférieures ou égales à 15.

2ème méthode :

Soit une série groupée ou une distribution de r observations $x_1, x_2, \cdots, x_r$ et d'effectif total n, on calcule les effectifs cumulés (N_i) ou les fréquences cumulées (F_i) :

- Pour q_1 :
  - S'il existe un $N_i = \frac{n}{4}$ ou une $F_i = 0.25$ (ou 25%), l'observation qui y est associée correspond au 1er quartile.
  - Sinon on choisit l'observation dont N_i est juste supérieur à $\frac{n}{4}$ ou F_i juste supérieure à 0.25 (ou 25%)
- Pour q_3 :
  - S'il existe un $N_i = \frac{3n}{4}$ ou une $F_i = 0.75$ (ou 75%), l'observation qui y est associée correspond au 3ème quartile.
  - Sinon on choisit l'observation dont N_i est juste supérieur à $\frac{3n}{4}$ ou F_i juste supérieure à 0.75 (ou 75%)

En reprenant les données de l'**enquête 1** :

- La 1ère méthode : $n = 50$
  - On a $\frac{n}{4} = \frac{50}{4} = 12.5$ alors le 1er quartile correspond à la 13ème observation de la série, donc $q_1 = V_{13} = 2$.
  - On a $\frac{3n}{4} = \frac{150}{4} = 37.5$, alors le 3ème quartile correspond à la 38ème observation de la série, donc $q_3 = V_{38} = 8$

- La 2ème méthode : On regarde le tableau des N_i et des F_i,
  - il n'existe pas de $N_i = \frac{n}{4} = 12.5$ ou de $F_i = 0.25$, alors on choisit pour 1er quartile l'observation dont N_i est juste supérieur à $\frac{n}{4}$ c'est-à-dire $N_3 = 15$ ou F_i est juste supérieure à 0.25 c'est-à-dire $F_3 = 0.30$, donc $q_1 = x_3 = 2$.
  - il n'existe pas de $N_i = \frac{3n}{4} = 37.5$ ou de $F_i = 0.75$ alors on choisit pour 3ème quartile l'observation dont N_i est juste supérieur à $\frac{3n}{4}$ c'est-à-dire $N_9 = 46$ ou F_i est juste supérieure à 0.75 c'est-à-dire $F_9 = 0.92$, donc $q_3 = x_9 = 8$

Interprétation :

1er quartile : Le quart (25%) des vendeurs ont effectué au plus 2 ventes la première semaine du mois de janvier.

3ème quartile : Les trois-quarts (75%) des vendeurs ont effectué au plus 8 ventes la première semaine du mois de janvier.

Remarque :

- Les deux méthodes de détermination des quartiles ne donnent pas toujours le même résultat. En pratique, le choix de la méthode se fait empiriquement.
- Les quartiles peuvent aussi se déterminer graphiquement à partir du diagramme cumulatif (non traité dans ce cours).

3.1.4.2. Déciles et centiles

Les déciles et les centiles sont les valeurs numériques qui partagent la série respectivement en 10 et en 100 échantillons de même taille.

Nous avons 9 déciles ; notés $D_1, D_2, \cdots, D_9$; tels que :

- 10% des individus ont une observation $\leq D_1$
- 20% des individus ont une observation $\leq D_2$
- $\vdots$ $\vdots$ $\vdots$
- 90% des individus ont une observation $\leq D_9$

Et nous avons 99 centiles ; notés $C_1, C_2, \cdots, C_{99}$; tels que :

- 1% des individus ont une observation $\leq C_1$
- 2% des individus ont une observation $\leq C_2$
- $\vdots$ $\vdots$ $\vdots$
- 99% des individus ont une observation $\leq C_{99}$

Les déciles et les centiles n'ont d'intérêt respectivement que lorsque $n \geq 10$ et $n \geq 100$.

3.1.5. Complément sur les graphiques : La boîte à moustaches ou le diagramme en boîte.

La boîte à moustaches est un graphique qui résume la série par ses valeurs extrêmes et ses quartiles. Il est constitué d'un seul axe horizontal ou vertical pour les observations.

Il se construit en positionnant à côté de l'axe les points correspondant au Min, à q_1, à q_2, à q_3 et au Max, ensuite on trace un rectangle passant par les points q_1 et q_3 qui correspond à la boîte et les segments $[Min, q_1]$ et $[q_3, Max]$ qui correspondent aux moustaches, enfin au niveau de q_2, on trace un segment perpendiculaire à l'axe, à l'intérieur de la boîte qui correspond à la médiane.

En reprenant les données de l'**enquête 1** nous avons la boîte à moustaches :

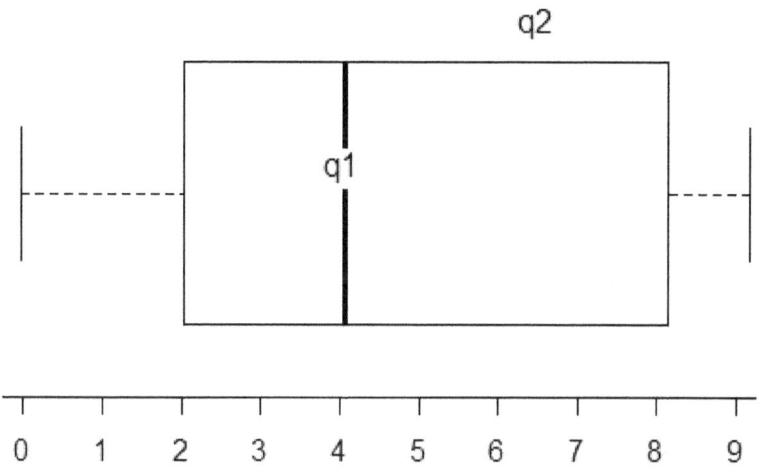

Figure 3: Boîte à moustaches

Remarque : La boîte à moustaches, le diagramme en bâtons et cumulatif sont les trois graphiques usuels pour une variable quantitative discrète.

3.2. Caractéristiques de dispersion

Les caractéristiques de dispersion sont des valeurs numériques permettant de mesurer la variabilité et l'homogénéité d'une série.

On distingue principalement comme caractéristiques de dispersion, l'étendue, l'écart interquartile, l'écart-type, et le coefficient de variation.

Définitions :

- La **variabilité** d'une série est le fait que ses observations soient distinctes les unes des autres.
  - Plus la variabilité est forte, plus les observations sont éloignées numériquement.
- L'**homogénéité** d'une série est le fait que ses observations soient numériquement proches de leur moyenne.
  - Plus la variabilité est faible, plus la variable est homogène, on dit alors que les données sont concentrées autour de leur moyenne.
  - Dans le cas contraire, la variable est hétérogène, les données sont dispersées autour de leur moyenne.
- Deux ou plusieurs variables sont homogènes, si elles ont la même nature, la même unité et le même ordre de grandeur, c'est-à-dire que leurs moyennes et écart-types ont (quasiment) les mêmes valeurs.

3.2.1. L'étendue

L'étendue ; notée E ; est l'écart ou la différence entre le Max et le Min.

$$E = Max - Min$$

Plus elle s'éloigne de zéro, plus la variabilité est forte.

En reprenant les données de l'**enquête 1** : $E = Max - Min = 9 - 0 = 9$,

Interprétation : L'écart entre l'individu qui a le plus vendu et celui qui a le moins vendu est de 9 ventes, on peut considérer que la variabilité entre les observations est forte.

Remarque : En pratique, l'étendue est très peu utilisée car elle dépend uniquement des valeurs extrêmes, ce qui peut fausser l'interprétation de la variabilité.

3.2.2. Intervalle interquartile et écart interquartile

L'intervalle interquartile est l'intervalle formé par le 1er quartile et le 3ème quartile ; noté $[q_1, q_3]$. Il contient 50% de la population (ou des observations).

Interprétation : (Enquête 1) La moitié des individus ont effectué entre 2 et 8 ventes, cela semble confirmer la forte variabilité.

L'écart interquartile ; notéeE_q ; est la différence entre le 3ème quartile et le 1er quartile.

$$E_q = q_3 - q_1$$

Plus il s'éloigne de zéro, plus la variabilité est forte.

En reprenant les données de l'**enquête 1** : $E_q = q_3 - q_1 = 8 - 2 = 6$.

Interprétation : L'écart entre le quart des individus ayant le plus vendu et le quart ayant le moins vendu est de 6 ventes, cela confirme bien la forte la variabilité entre les observations.

Remarque : On peut généraliser, en définissant l'écart inter-quantile, qui est la différence entre le 3ème quantile et le 1er quantile.

3.2.3. Variance et écart-type

La variance de X ; notée S_X^2 ou $Var[X]$; est la moyenne des écarts à la moyenne.

$$Var[X] = S_X^2 = \frac{1}{n}\sum_{i=1}^{r} n_i(x_i - \bar{x})^2$$

Elle est équivalente à l'écart entre la moyenne des carrées et le carré de la moyenne.

$$S_X^2 = \left[\frac{1}{n}\sum_{i=1}^{r} n_i x_i^2\right] - (\bar{x})^2$$

L'interprétation de la variance n'est pas évidente, son rôle principal est de calculer l'écart-type.

L'écart-type ; noté S_X ; est la racine carrée de la variance, il est égal à :

$$S_X = \sqrt{Var[X]}$$

L'écart-type mesure l'homogénéité de la série, plus il est proche de zéro, plus la série est homogène.

En reprenant les données de l'**enquête 1** :

$$\sum_{i=1}^{r} n_i x_i^2 = 5*0^2 + 4*1^2 + 6*2^2 + 5*3^2 + 6*4^2 + 3*5^2 + 2*6^2 + 5*7^2 + 10*8^2 + 4*9^2$$

$$= 5*0 + 4*1 + 6*4 + 5*9 + 6*16 + 3*25 + 2*36 + 5*49 + 10*64 + 4*81$$

$$= 0 + 4 + 24 + 45 + 96 + 75 + 72 + 245 + 640 + 324 = 1525$$

$$\sum_{i=1}^{r} n_i x_i^2 = 1525$$

$$Var[X] = \left[\frac{1}{n}\sum_{i=1}^{r} n_i x_i^2\right] - (\bar{x})^2 = \left[\frac{1}{50} * 1525\right] - (4.66)^2 = 30.5 - 21.7156 = 8.7844$$

$$Var[X] = 8.7844$$

On en déduit l'écart-type : $S_X = \sqrt{Var[X]} = \sqrt{8.7844} = 2.963849$

Interprétation : L'écart-type n'est pas proche de zéro, les données sont hétérogènes.

Remarque : On considèrera qu'un écart-type est proche de zéro, s'il est < 1.

Propriétés :

- $Var[X] = 0 \Leftrightarrow S_X = 0$, alors il n'y a pas de variabilité, toutes les observations sont égales à la moyenne. Pour tout $i \in \{1, 2, \cdots, r\}, x_i = \bar{x}$.

- Soit $a \in \mathbb{R}$ et X une variable quantitative discrète d'écart-type S_X,
  - Si les valeurs de la série de X sont additionnées (éventuellement soustraites) par a alors son écart-type reste inchangé, donc $S_{X+a} = S_X$
  - Si les valeurs de la série de X sont multipliées (éventuellement divisées) par a alors l'écart-type l'est aussi, donc $S_{aX} = aS_X$

3.2.4. Coefficient de variation

Le coefficient de variation ; noté CV ; est le rapport entre l'écart-type et la moyenne. Il est égal à :

$$CV = \frac{S_X}{\bar{x}}$$

Le coefficient de variation mesure l'homogénéité de la série, plus le CV est proche de zéro, plus la série est homogène.

Remarque :

- Le CV est sans unité.
- Le CV peut également s'exprimer en pourcentage :

$$CV(\%) = \frac{S_X}{\bar{x}} \times 100$$

- Il est généralement admis que si $CV \leq 0.15$ (15%), la variabilité est faible, la variable est homogène.

Propriété : $0 \leq CV \leq 1$ ou $0 \leq CV(\%) \leq 100$

En reprenant les données de l'**enquête 1** :

$$CV = \frac{S_X}{\bar{x}} = \frac{2.963849}{4.66} = 0.6360191$$

Interprétation : Les observations varient à 63.6% par rapport à la moyenne. La forte variabilité et l'hétérogénéité sont une fois de plus confirmées.

Remarque : Lorsqu'on étudie l'homogénéité d'une variable, on doit analyser simultanément l'ensemble des caractéristiques de dispersion et en tirer une conclusion.

En pratique, il est difficile de conclure sur l'homogénéité d'une variable, les caractéristiques de dispersion (étendue, écart interquartile, écart-type) sont surtout utilisées pour comparer la variabilité entre deux ou plusieurs variables. Le coefficient de variation est utilisé lorsque les variables à comparer sont hétérogènes.

3.3. Complément : la variable centrée réduite

Soit X une variable quantitative discrète de moyenne $\bar{x}$ et d'écart-type S_X, on note :

- $X_C = X - \bar{x}$, la variable centrée de X.
- $X_{CR} = \frac{X-\bar{x}}{S_X}$, la variable centrée réduite de X ou tout simplement la variable réduite.

Remarque : Comme le coefficient de variation, la variable centrée réduite est sans unité, elle permet de comparer deux observations appartenant à deux variables hétérogènes.

Exercices

Exercice 1. Un chef d'entreprise recrute ses trois enfants dans son entreprise, la relation qui lie ce père à ses enfants est-elle une variable ?

Exercice 2. Une banque promet à ses clients un taux d'intérêt de 20% la première année, de 10% la seconde année et de 6% la troisième année. Déterminer le taux d'intérêt moyen et en déduire la somme obtenue au bout de 3 ans après un dépôt de $10000\ F\ CFA$?

Exercice 3. Un livreur se déplace à vélo. Il passe par quatre routes différentes de $7km$ chacune. Ses vitesses sur chaque route sont respectivement de $10km/h$, $30km/h$, $40km/h$ et $20km/h$. Quelle a été sa vitesse moyenne sur les quatre routes ?

Exercice 5. Une société voulant proposer des prêts scolaires en interne relève le nombre d'enfants par employé hors couple. Elle obtient la série ci-dessous :

x_i	0	1	2	3	4	5
n_i	12	31	40	11	4	2

(a). Indiquer la population, sa taille, le caractère étudié.

(b). Déterminer le mode et interpréter le.

(c). Donner la taille de la série et calculer les fréquences f_i.

(d). Que valent et signifient les effectifs $n_2\ et\ n_5$ et les fréquences $f_1\ et\ f_4$?

(e). Construire le diagramme en bâtons.

(f). Ajouter au tableau les effectifs et fréquences cumulés N_i et F_i

(h). Donner le pourcentage d'employés ayant au moins 3 enfants.

(i). Réaliser le diagramme en escaliers.

Exercice 5. Le but de cet exercice est de bien comprendre la notion de « variabilité ». Soit les 3 variables suivantes :
$X = (2\,;2\,;2\,;2\,;2\,;2\,;2\,;2\,;2)$,

$Y = (1\,;2\,;3\,;4\,;5\,;6\,;7\,;8\,;9)$ et

$Z = (4\,;4\,;5\,;5\,;5\,;6\,;6\,;6\,;6)$.

(a). Calculer les moyennes $\bar{x}, \bar{y}, \bar{z}$ et les écart-types S_X, S_y, S_Z. Commenter.

(b). En déduire les coefficients de variation CV_x, CV_y, CV_z. Conclure.

(c). Déterminer Y_{cr} la variable centrée réduite de Y.

Exercice 6. Un étudiant a acheté un stylo à $190\ F\ CFA$, un cahier à $900\ F\ CFA$ et un carnet à $320\ F\ CFA$ dans une librairie. Après enquête dans l'ensemble des librairies de Douala, on constate que le prix moyen du stylo est de $150\ F\ CFA$ avec un écart-type de $40\ F\ CFA$; le prix moyen du cahier est de $850\ F\ CFA$ avec un écart-type de $100\ F\ CFA$ et le prix moyen du carnet est de $350\ F\ CFA$ avec un écart-type de $60\ F\ CFA$. Déterminer l'article « le moins cher » acheté.

Exercice 7. Une entreprise de livraison relève le poids (en kilogramme) des colis légers qu'elle a transportés entre Buea et Bamenda en une semaine. On réalise un diagramme en bâtons.

(a).Indiquer la population, sa taille et le caractère étudiés.

(b).Dresser le tableau des observations x_i, des effectifs n_i, des fréquences f_i, des effectifs cumulés N_i et les fréquences cumulées F_i.

(c). Déterminer la médiane et interpréter.

(d). Calculer la moyenne et interpréter.

(e). En déduire l'écart-type et coefficient de variation. Commenter.

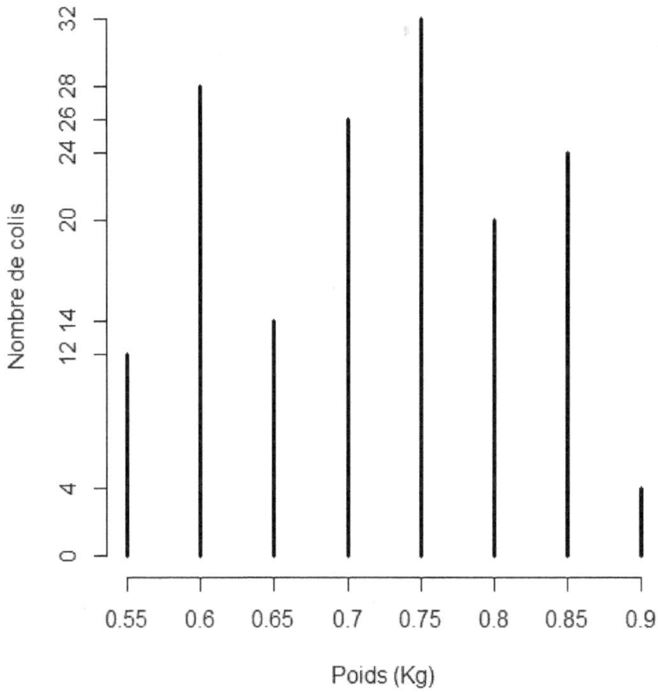

Exercice 8. Deux vendeurs de rayon d'un supermarché ont relevé leurs commissions (en centaines de FCFA) perçues lors de leurs 25 dernières ventes. Plus la vente est importante plus la commission est élevée.

Les commissions du premier vendeur :

X_i	4,65	4,80	4,85	4,90	4,95	5,00	5,05	5,10	5,15
n_i	1	1	1	3	12	4	1	1	1

Les commissions du second vendeur :

X_i	4,60	4,70	4,75	4,80	4,85	4,90	4,95	5,00	5,05	5,10	5,15	5,20
n_i	3	2	2	3	2	2	1	3	2	1	1	3

(a). Indiquer la population et le caractère étudiés ?

(b). Construire les deux diagrammes en boîte sur un même axe vertical.

(c). Servez-vous des informations fournies par les diagrammes en boîte pour comparer l'ensemble des performances des deux vendeurs et dire à votre avis quel est le meilleur.

Chapitre 2 : Variable quantitative continue

Une variable quantitative est dite continue si l'ensemble des observations est infini ou est un intervalle de $\mathbb{R}$.

Dans ce cas, les observations ne sont pas représentées par des valeurs numériques précises, mais par r intervalles contigus appelées classes, notées $[b_0, b_1[, \cdots, [b_{r-1}, b_r[$ avec :

- $[b_{i-1}, b_i[$, la i^{ème} classe,
    - de borne inférieure b_{i-1} et de borne supérieure b_i.
    - Avec $1 \leq i \leq r$.
- Le centre de la classe, noté x_i ou c_i et égale à :

$$x_i = \frac{b_{i-1} + b_i}{2}$$

- Et l'amplitude de la classe ; notée a_i ; et égale à : $a_i = b_i - b_{i-1}$

1. Présentation des données

Un tableau est également utilisé pour présenter les données. Les classes sont représentées dans l'ordre croissant à la 1ère colonne, ensuite on définit les effectifs, les fréquences comme dans le cas discret.

Enquête 2 : Les employés d'une entreprise à Mundemba, ont été interrogés sur la valeur de leurs salaires hebdomadaires. On a obtenu le tableau suivant :

$Salaire\ hebdomadaire$ $(en\ millier\ de\ francs\ CFA$	n_i	N_i	f_i	$F_i(\%)$
[0 ; 5[	11	11	0.22	22
[5 ; 10[	8	19	0.16	38
[10 ; 20[	10	29	0.20	58
[20 ; 35[	7	36	0.14	72
[35 ; 50[	9	45	0.18	90
[50 ; 100[	5	50	0.10	100
$Total$	50	/////	1	/////

Tableau 4: Tableau d'effectifs et de fréquences

Nous avons 6 classes de différentes amplitudes.

- Soit la 4ème classe [20 ; 35[avec :
  - $n_4 = 7$, donc 7 employés gagnent entre 20000 et 35000 $F\ CFA$ par semaine.
  - $N_4 = 36$, donc 36 employés gagnent moins[11] de 35000 $F\ CFA$ par semaine.
  - $f_4 = 0.14$, donc 14% des employés gagnent entre 20000 et 35000 $F\ CFA$ par semaine.

[11] On utilise « moins »(<) au lieu d' « au plus »(≤) parce que $35 \notin [20; 35[$

- $F_4(\%) = 72\%$, donc 72% des employés gagnent moins de $35000\,F\,CFA$ par semaine.

Ce tableau peut être complété en ajoutant les centres et les amplitudes :

- Nous calculons les centres x_i :

$$x_1 = \frac{b_0 + b_1}{2} = \frac{0+5}{2} = 2.5, x_2 = \frac{b_1 + b_2}{2} = \frac{5+10}{2} = 7.5, x_3 = \frac{b_2 + b_3}{2} = \frac{10+20}{2} = 15$$

De manière analogue, on calcule x_4, x_5, x_6.

- Nous calculons les amplitudes a_i :

$$a_1 = b_1 - b_0 = 5 - 0 = 5, a_2 = b_2 - b_1 = 10 - 5 = 5, a_3 = b_3 - b_2 = 20 - 10 = 10$$

De manière analogue, on calcule a_4, a_5, a_6.

Nous avons donc le tableau ci-dessous :

Classes	x_i	a_i
[0 ; 5[	2.5	5
[5 ; 10[	7.5	5
[10 ; 20[	15	10
[20 ; 35[	27.5	15
[35 ; 50[	42.5	15
[50 ; 100[	75	50
Total	/////	/////

Tableau 5: Tableau des centres et des amplitudes

2. Représentations graphiques

Pour une variable quantitative continue, on réalise généralement trois types de graphiques : l'histogramme, la courbe cumulative et la boite à moustaches.

2.1. Histogramme

L'histogramme est un graphique qui représente les effectifs ou les fréquences (ou pourcentages) en fonction des classes.

Il est constitué de deux axes gradués perpendiculaires, l'axe des abscisses pour les bornes des classes, et l'axe des ordonnées pour les densités d'effectifs ou les densités de fréquences notées d_i, et égales respectivement à :

$$d_i = \frac{n_i}{a_i} \text{ ou } d_i = \frac{f_i}{a_i}$$

Il se construit en juxtaposant r rectangles contigus de surfaces proportionnelles aux classes. Le ième rectangle aura pour base en abscisses les bornes de la ième classe (b_{i-1}, b_i), et pour hauteur en ordonnées la densité d_i.

En reprenant les données de l'**enquête 2,** nous calculons les densités de fréquences :

$$d_1 = \frac{f_1}{a_1} = \frac{0.22}{5} = 0.044, d_2 = \frac{f_2}{a_2} = \frac{0.16}{5} = 0.032, d_3 = \frac{f_3}{a_3} = \frac{0.20}{10} = 0.02$$

$$d_4 = \frac{f_4}{a_4} = \frac{0.14}{15} = 0.0093, d_5 = \frac{f_5}{a_5} = \frac{0.18}{15} = 0.012, d_6 = \frac{f_6}{a_6} = \frac{0.10}{50} = 0.002$$

Nous réalisons alors l'histogramme :

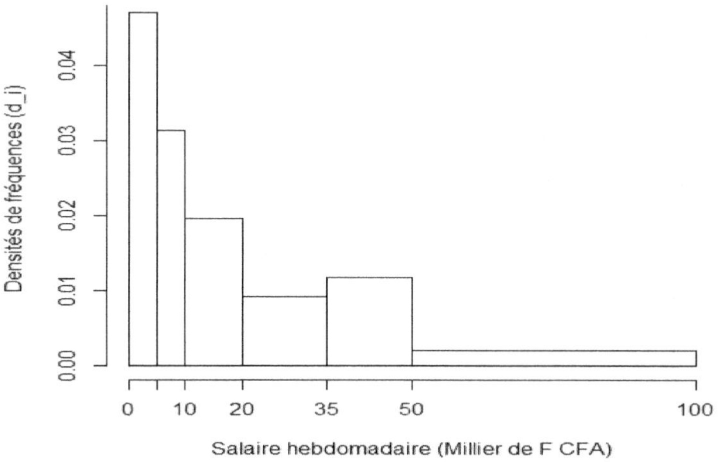

Figure 4: Histogramme

Remarque :

- Les densités sont utilisées parce que les amplitudes ne sont pas identiques, si c'était le cas, juste les effectifs ou les fréquences seraient suffisants pour réaliser le graphique.
- Que l'on travaille avec les densités d'effectifs ou de fréquences, cela ne change pas l'allure du graphique.
-

2.2. Courbe cumulative

La courbe cumulative est un graphique qui représente les effectifs N_i, ou les fréquences F_i (ou pourcentages $F_i(\%)$) cumulés en fonction des classes.

Il est constitué de deux axes gradués perpendiculaires, l'axe des abscisses pour les classes et l'axe des ordonnées pour les F_i.

Il se construit en traçant les segments formés par les points(b_{i-1}, F_{i-1}) et(b_i, F_i) avec $F_0 = 0$.

En reprenant les données de l'**enquête 2**, nous avons la courbe cumulative suivante :

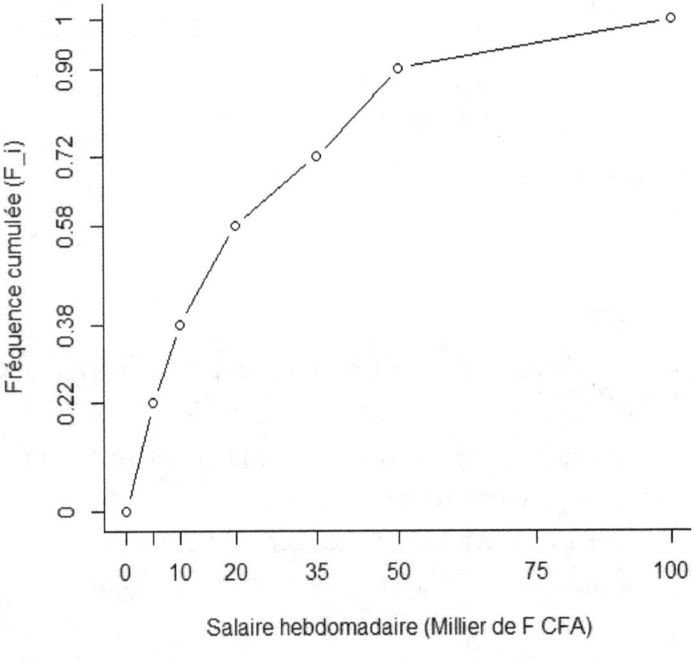

Figure 5: Courbe cumulative

Remarque : Que l'on travaille avec N_i, ou F_i cela ne change pas l'allure du graphique.

2.3. Boîte à moustaches

Dans le cas d'une variable quantitative continue, la boîte à moustaches se construit de la même manière que dans le cas discret juste que le *Min* correspondra à la première borne inférieure b_0 et le *Max* à la dernière borne supérieure b_r.

3. Caractéristiques numériques

Dans le cas d'une variable quantitative continue, les caractéristiques de tendance centrale (moyenne, mode) et les caractéristiques de dispersion se calculent de la même manière que dans le cas discret, avec les centres des classes $x_i$comme valeur des observations.

En reprenant les données de l'**enquête 2**, nous calculons la moyenne

Nous rappelons que la moyenne $\bar{x}$ est égale à :

$$\bar{x} = \frac{\sum_1^r n_i x_i}{n} = \sum_1^r f_i x_i$$

$$\bar{x} = 0.22 * 2.5 + 0.16 * 7.5 + 0.2 * 15 + 0.14 * 27.5 + 0.18 * 42.5 + 0.1 * 75$$

$$= 0.55 + 1.2 + 3 + 3.85 + 7.65 + 7.5$$

$$\bar{x} = 23.75$$

Donc le salaire hebdomadaire moyen est de $23750\ F\ CFA$

Remarque : Dans le cas d'une variable quantitative continue, on ne parle pas de mode mais de *classe modale*. Elle correspond à la classe dont la densité d_i est la plus grande.

En reprenant les données de l'**enquête 2**, la classe modale est $[0; 5[$, car elle a la densité de fréquence la plus grande $d_1 = 0.044$. Donc la majorité des employés interrogés gagnent moins de $5000\ F\ CFA$ par semaine.

3.1. Quantiles

Dans le cas d'une variable quantitative continue, la détermination d'un quantile consiste premièrement à trouver dans quelle classe il appartient et deuxièmement à utiliser une méthode spécifique pour calculer sa valeur précise.

Soit n l'effectif total de la population.

Soit $[b_{i-1}, b_i[$ une classe d'effectifs et de fréquences cumulés N_i et F_i (ou $F_i(\%)$) et x_α un quantile d'ordre α avec $N(x_\alpha) = n\alpha$ et $F(x_\alpha) = \alpha$.

$x_\alpha \in [b_{i-1}, b_i[$ si $N_i = N(x_\alpha) = n\alpha$ sinon $x_\alpha \in [b_{i-1}, b_i[$ si N_i est le 1er effectif cumulé juste supérieur à $N(x_\alpha) = n\alpha$.

De manière analogue, $x_\alpha \in [b_{i-1}, b_i[$ si $F_i = F(x_\alpha) = \alpha$ sinon $x_\alpha \in [b_{i-1}, b_i[$ si $F_i$est la 1ère fréquence cumulée juste supérieure à $F(x_\alpha) = \alpha$.

Calcul de la valeur précise du quantile :

1ère Méthode : Par interpolation linéaire

Si $x_\alpha \in [b_{i-1}, b_i[$, on applique la formule de l'interpolation linéaire :

$$x_\alpha = b_{i-1} + a_i \frac{N(x_\alpha) - N_{i-1}}{N_i - N_{i-1}} = b_{i-1} + a_i \frac{N(x_\alpha) - N_{i-1}}{n_i} \text{ (Effectifs cumulés)}$$

ou

$$x_\alpha = b_{i-1} + a_i \frac{F(x_\alpha) - F_{i-1}}{F_i - F_{i-1}} = b_{i-1} + a_i \frac{F(x_\alpha) - F_{i-1}}{f_i} \text{ (Fréquences cumulées)}$$

En reprenant les données de **l'enquête 2**, on calcule la médiane $x_{\frac{1}{2}}$ ou q_2

Nous avons $x_{\frac{1}{2}} \in [10, 20[$ car :

$N([10, 20[) = N_3 = 29$, est le 1er effectif cumulé juste supérieur à $N\left(x_{\frac{1}{2}}\right) = \frac{n}{2} = \frac{50}{2} = 25$ ou $F([10, 20[) = F_3 = 58\%$, est le 1èr pourcentage cumulé juste supérieur à $F\left(x_{\frac{1}{2}}\right) = 50\%$.

Alors :
$q_2 = 10 + (20 - 10) * \frac{25-19}{29-19} = 10 + 10 * \frac{6}{10} =$
16 (Effectifs cumulés) ou
$q_2 = 10 + (20 - 10) * \frac{50-38}{58-38} = 10 + 10 * \frac{12}{20} =$
16 (Fréquences cumulées)

Donc la moitié des employés gagnent au plus $16000\ F\ CFA$ par semaine.

2ème Méthode : Par le centre.

Si $x_\alpha \in [b_{i-1}, b_i[$, on choisit le centre de la classe comme quantile, donc $x_\alpha = x_i = \frac{b_{i-1}+b_i}{2}$

Enquête 2 : Nous avons $x_{\frac{1}{2}} \in [10, 20[\Rightarrow x_{\frac{1}{2}} = x_3 = \frac{10+20}{2} = 15$

On pourra s'entraîner en déterminant par les deux méthodes q_1 et q_3.

Remarque : Il est évident que les deux méthodes ne donnent pas les mêmes résultats. La première est plus précise que la seconde. Le choix de la méthode à utiliser est empirique. Les quantiles peuvent aussi se déterminer graphiquement (non traité ici).

3.2. Caractéristiques de concentration

Les caractéristiques de concentration sont des valeurs numériques permettant de mesurer les inégalités de répartition d'une grandeur positive cumulable. On distingue principalement l'indice de Gini et la médiale. Ces deux caractéristiques s'appuient sur un graphique appelé la courbe de Lorentz.

Elles[12] sont principalement utilisées en économétrie, en particulier pour mesurer les inégalités de répartition des revenus, du patrimoine ou du chiffre d'affaires.

La répartition se situe entre deux extrêmes :

- La population est parfaitement égalitaire, tous les individus reçoivent le même revenu. On dit alors que la concentration est nulle.
- La population est parfaitement inégalitaire, un seul individu perçoit la totalité des revenus. On dit alors que la concentration est maximale.

3.2.1. Masse des observations

La masse ; notée m_i ; est le produit entre une observation (positive cumulable) et son effectif respectif.

$$m_i = n_i x_i$$

On rappelle que si la variable est quantitative continue, on utilisera les centres de classes comme valeur des observations.

Soit m la masse totale,

$$m = \sum_{i=1}^{r} m_i = \sum_{i=1}^{r} n_i x_i$$

[12] La courbe de Lorentz et les deux caractéristiques.

Les masses m_i s'accompagnent généralement des fréquences de masse et des fréquences cumulées de masses notées respectivement g_i et G_i et égalent à :

$$g_i = \frac{m_i}{m} \text{ et } G_i = \sum_{j=1}^{i} g_j$$

On rappelle que si nous voulons $g_i$et G_i en pourcentage, on les multiplie par 100

$$g_i(\%) = g_i * 100 \text{ et } G_i(\%) = G_i * 100$$

En reprenant les données de **l'enquête 2**, on calcule les masses salariales et les fréquences de masses :

Salaire hebdomadaire (en millier de francs CFA)	n_i	x_i	m_i	g_i	G_i	G_i (%)	F_i (%)
[0 ; 5[	11	2.5	27.5	0.023	0.023	2.3	22
[5 ; 10[	8	7.5	60	0.051	0.074	7.4	38
[10 ; 20[	10	15	150	0.126	0.2	20	58
[20 ; 35[	7	27.5	192.5	0.162	0.362	36.2	72
[35 ; 50[	9	42.5	382.5	0.322	0.684	68.4	90
[50 ; 100[	5	75	375	0.316	1	100	100
Total	50	///	1187.5	1	///	///	///

Tableau 6: Tableau des masses et des fréquences de masse

En observant notre tableau, nous avons :

- Soit la 2ème classe [5; 10[:

- $g_2 = 0.051$, donc les employés gagnant entre 5000 et 10000 $F\ CFA$ par semaine constituent 5.1% de la masse salariale.
- $G_2(\%) = 7.4\%$, donc les employés (38%) gagnant moins[13] de 10000 $F\ CFA$ par semaine constituent 7.4% de la masse salariale.

- $G_5(\%) = 68.4\%$, donc les employés (90%) gagnant moins de 50000 $F\ CFA$ par semaine constituent 68.4% de la masse salariale.

3.2.2. Courbe de Lorentz

La courbe de Lorentz est un graphique qui représente la répartition des masses en fonction du pourcentage d'individus.

Elle est constituée de deux axes gradués, l'axe des abscisses pour les fréquences (ou pourcentage) cumulées F_i, l'axe des ordonnées pour les fréquences (ou pourcentage) de masse cumulées G_i.

Elle se construit en traçant les segments formés par les points (F_{i-1}, G_{i-1}) et (F_i, G_i) avec $(F_0, G_0) = (0, 0)$.

On trace ensuite la 1ère bissectrice (la droite $y = x$), indispensable pour l'interprétation de la courbe.

---

[13] Comme pour la fréquence cumulée, le « moins » est utilisé à la place d'« au plus » parce que $10 \notin [5; 10[$.

Interprétation :

- La 1ère bissectrice correspondant à une répartition parfaitement égalitaire. La concentration est nulle.
    - Plus la courbe de Lorentz est éloignée de la 1ère bissectrice plus la concentration est forte et moins la répartition est égalitaire.
- Si la courbe de Lorentz forme un angle droit, la répartition est parfaitement inégalitaire. La concentration est maximale.
-

En reprenant les données de l'**enquête 2**, nous avons la courbe de Lorentz suivante :

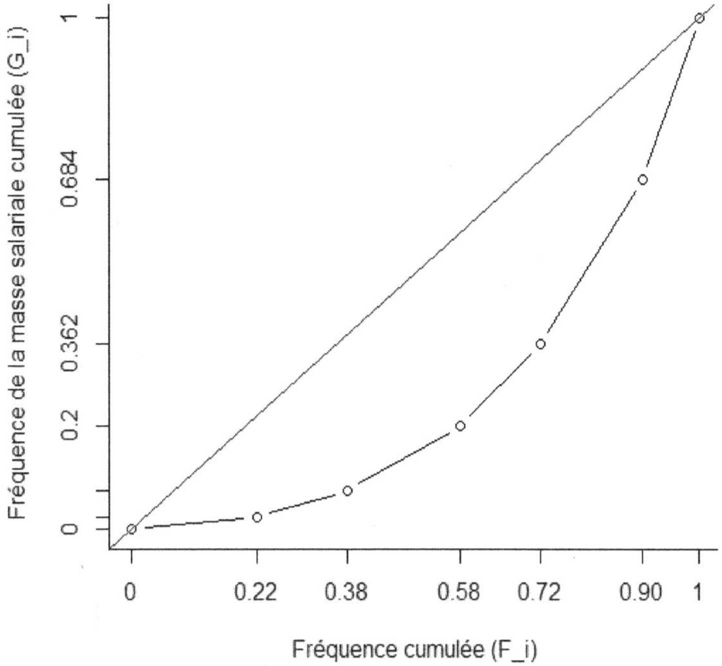

Figure 6: Courbe de Lorentz

En observant la courbe de Lorentz de l'**enquête 2**, nous pouvons dire que près de la moitié de la masse salariale est inégalement répartie.

Remarque : La courbe de Lorentz est toujours en dessous de la 1ère bissectrice, car $F_i > G_i$. Il existe une courbe qui lui est analogue, elle s'appelle la courbe de concentration. Généralement elle est symétrique à la courbe de Lorentz par rapport à la 1ère bissectrice.

3.2.3. Indice de Gini

Soit la surface du triangle isocèle rectangle, délimitée à gauche, qu'on appellera $Surf_{bleue}$, soit la surface de concentration comprise entre la courbe de Lorentz et la 1ère bissectrice ; délimitée au milieu, qu'on appellera $Surf_{rouge}$ et soit la surface de la courbe de Lorentz, délimitée à droite, qu'on appellera $Surf_{verte}$.

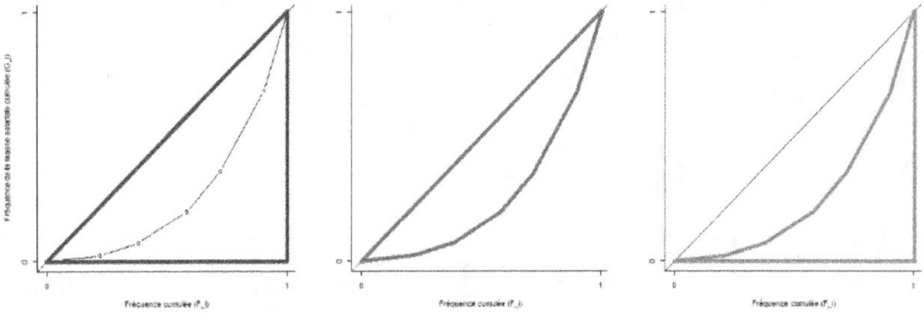

Figure 7: Les différentes surfaces

L'indice de Gini ; noté I_{Gini} ; est le rapport entre la surface délimitée au milieu et la surface délimitée à gauche:

$$I_{Gini} = \frac{Surf_{rouge}}{Surf_{bleue}}$$

or

$$Surf_{Bleue} = \frac{Base \times Hauteur}{2} = \frac{1 * 1}{2} = \frac{1}{2} \Rightarrow I_{Gini} = 2Surf_{rouge}$$

En considérant que la $Surf_{rouge}$ est la différence entre la $Surf_{bleue}$ et la $Surf_{verte}$, il est facile de démontrer que :

$$Surf_{rouge} = \frac{1}{2} - \frac{1}{2}\sum_{i=1}^{r}(G_i + G_{i-1})(F_i - F_{i-1})$$

Avec $G_0 = F_0 = 0$, Alors :

$$I_{Gini} = 1 - \sum_{i=1}^{r}(G_i + G_{i-1})(F_i - F_{i-1})$$

L'indice de Gini mesure l'inégalité de répartition de la masse, avec $0 \leq I_{Gini} \leq 1$.

- Plus I_{Gini} est proche de 0, plus la concentration est faible, plus la répartition est égalitaire.
- Plus I_{Gini} est proche de 1, plus la concentration est forte, plus la répartition est inégalitaire.

En reprenant les données de l'**enquête 2**, nous avons :

$$(G_1 + G_0)(F_1 - F_0) = (0.023 + 0)(0.22 - 0)$$
$$= 0.023 * 0.22 = 0.00506$$

$$(G_2 + G_1)(F_2 - F_1) = (0.023 + 0.074)(0.38 - 0.22)$$
$$= 0.097 * 0.16 = 0.0155$$

$$(G_3 + G_2)(F_3 - F_2) = (0.2 + 0.074)(0.58 - 0.38)$$
$$= 0.274 * 0.2 = 0.05480$$

$$(G_4 + G_3)(F_4 - F_3) = (0.362 + 0.2)(0.72 - 0.58)$$
$$= 0.562 * 0.14 = 0.07868$$

$$(G_5 + G_4)(F_5 - F_4) = (0.684 + 0.362)(0.9 - 0.72)$$
$$= 1.046 * 0.18 = 0.18828$$

$$(G_6 + G_5)(F_6 - F_5) = (1 + 0.684)(1 - 0.9)$$
$$= 1.684 * 0.1 = 0.16840$$

On en déduit l'indice de Gini :

$$I_{Gini} = 1 - (0.00506 + 0.01552 + 0.05480 + 0.07868 + 0.18828 + 0.16840)$$
$$I_{Gini} = 1 - 0.51074$$
$$I_{Gini} = 0.48926$$

L'indice de Gini confirme bien l'interprétation de la courbe de Lorentz, près de la moitié de la masse salariale est inégalement répartie.

Remarque : L'indice de Gini peut également s'exprimer en pourcentage, en particulier quand on travaille avec les pourcentages cumulés.

$$I_{Gini}(\%) = I_{Gini} * 100$$

ou

$$I_{Gini}(\%) = 10000 - \sum_{i=1}^{r} \big(G_i(\%) + G_{i-1}(\%)\big)\big(F_i(\%) - F_{i-1}(\%)\big)$$

avec $0 \leq I_{Gini}(\%) \leq 100$

En reprenant les données de l'**enquête 2**, $I_{Gini}(\%) = 48.926\%$, la masse salariale est inégalement répartie à 48.9%.

Remarque : Fondamentalement, la courbe de Lorentz, n'est pas une succession de segments, mais plutôt un arc de cercle, par conséquent on perd un peu d'informations en calculant l'indice de Gini avec la formule ci-dessus. Il existe une autre méthode de calcul beaucoup plus précise (non traité ici).

3.2.3. Médiale

La médiale ; noté $\mathcal{M}$; est une valeur numérique qui partage une série en deux échantillons de même masse totale.

Elle est équivalente à la médiane pour une série de masses. Elle se détermine par interpolation linéaire selon le même principe, on commence par chercher à quelle classe $\mathcal{M}$ appartient, ensuite on applique la formule :

$$\mathcal{M} = b_{i-1} + a_i \frac{G(x_\alpha) - G_{i-1}}{G_i - G_{i-1}} = b_{i-1} + a_i \frac{G(x_\alpha) - G_{i-1}}{g_i}$$

Avec $G(x_\alpha) = 0.5\ (ou\ 50\%)$

En reprenant les données de l'**enquête 2**, il n'existe pas de $G_i(\%) = 50\%$, alors :

$\mathcal{M} \in [35; 50[$ car $G([35; 50[) = 68.4\%$ est le 1er pourcentage de masse cumulé juste supérieur à 50%, alors :

$$\mathcal{M} = 35 + \frac{50 - 36.2}{68.4 - 36.2} * 15 = 35 + \frac{13.8}{32.2} * 15$$
$$= 35 + 6.428571 = 41.428571$$

$$\mathcal{M} = 41.428571$$

Les employés gagnant au plus $41428.571\ F\ CFA$ par semaine constituent 50% de la masse salariale.

Propriété : On a toujours Médiale > Médiane.

Exercices

Exercice 1. Une microfinance a relevé le nombre de jours

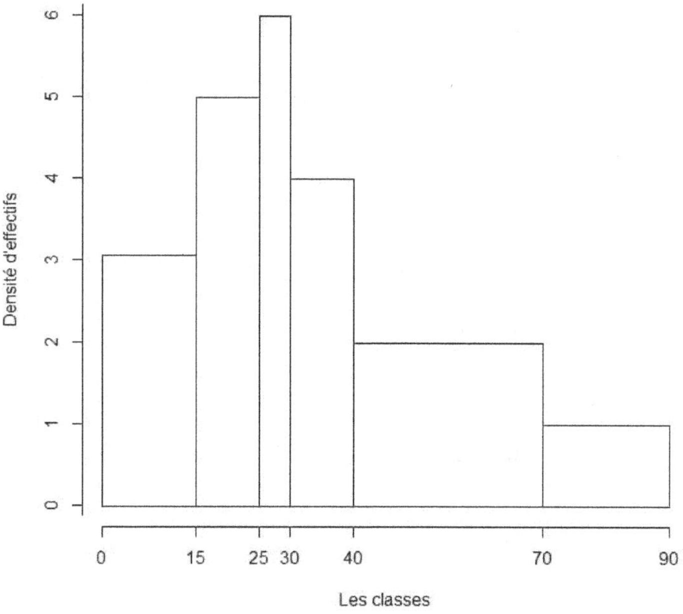

que mettent ses « bons clients » pour rembourser leurs prêts. On obtient l'histogramme suivant :

(a). Indiquer la population et le caractère étudiés.

(b). Donner la classe modale et interpréter.

(c). Réaliser le tableau contenant les effectifs n_i, les effectifs cumulés N_i, et les fréquences cumulées F_i.

(d). Donner la taille de la population et de la série.

(e). Que signifie les valeurs n_1, N_3, et F_5 ?

(f). Déterminer les quartiles par interpolation linéaire. Interpréter-les.

(g). Construire la courbe cumulative.

Exercice 2. Soit les observations de la variable ci-dessous :

5 ;10 ;18 ;2 ;6 ;8 ;14 ; 8 ;8 ;5 ;7 ;9 ;10 ;7 ;2 ;4 ;22 ;15 ;3 ;11 ;20 ;13 :6 ;4 ;8 ;17 ;9 ;5 ;11 ;15 ;9 ;16 :6 ;1 ;12 ;6 ; 10 ;7 ; 13 ; 8.

(a). Dresser le tableau des effectifs et des pourcentages en regroupant les observations selon les classes [0 ; 4[, [4 ; 10[, [10 ; 20[, [20 ; 40[.

(b). Calculer la moyenne et l'écart-type.

(c). Construire l'histogramme.

(d). Faire un nouveau tableau en divisant chacune des classes par deux classes de même amplitude avec un effectif égal à la moitié de celui de la classe qui a été divisée.

(e). Comment sont modifiés la moyenne et l'écart-type ?

Exercice 3 : Un magasin à Mboppi établit la série correspondant à la répartition de ses articles en stock en fonction de leurs coûts à l'unité en milliers de F CFA.

Coût (milliers de F CFA)	[0.25; 0.5[	[0.5; 1[	[1; 2.5[	[2.5; 5[	[5; 10[
Nombre d'articles	31	40	11	10	8

(a). Indiquer la population, sa taille, le caractère étudiés.

(b). Calculer les fréquences cumulées F_i et les pourcentages de masses cumulées G_i.

(c). Que valent et signifient F_2, F_4 et G_3, G_5 ?

(d). Calculer la médiane. Interpréter-la.

(e). Construire la courbe de Lorentz.

(f). Calculer l'indice de Gini. Commenter.

Chapitre 3 : Variable qualitative

Une variable est qualitative si ses observations sont des qualités. Dans ce cas, les observations sont alors appelées les modalités.

Exemple : La variable : « les couleurs de l'arc-en-ciel ».

S'il existe un ordre naturel entre les modalités, la variable est dite qualitative ordinale, sinon elle est qualitative nominale.

Exemple : La variable : « les grades dans l'armée camerounaise » est qualitative ordinale.

Les modalités sont souvent représentées par des entiers, il s'agit juste d'une codification sans valeur arithmétique, la nature de la variable n'est pas changée.

Exemple : Les modalités de la variable sexe : {masculin, féminin}, peuvent être codées respectivement par 1 et 2.

Il est évident, à l'exception du mode, qu'il n'est pas possible de déterminer les caractéristiques numériques. Analyser une variable qualitative revient donc à présenter les données et à les représenter graphiquement.

1. Présentation des données

Soit X une variable qualitative possédant r modalités observées sur une même population.

Un tableau est utilisé pour présenter les données, à la première colonne nous avons les modalités naturellement ordonnées si la variable est qualitative ordinale (sinon arbitrairement), à la seconde et la troisième colonne nous avons respectivement les effectifs n_i et les fréquences f_i (ou pourcentages f_i%).

Enquête 3 : On s'intéresse aux postes occupées par les nouvelles recrues d'une entreprise de travaux publiques opérant à Yokadouma. Nous avons obtenu le tableau suivant :

Poste	n_i	f_i
Stagiaire	18	0.15
Ouvrier temporaire	30	0.25
Ouvrier permanent	42	0.35
Chef d'équipe	21	0.175
Chef de service	09	0.075

Tableau 7: Tableau des données

La population est l'ensemble des nouvelles recrues, sa taille est $n = 120$. Nous avons $r = 5$ modalités x_1,x_2,x_3,x_4 etx_5.

- $x_2 =$ "*Ouvrier temporaire*"
  - $n_2 = 30$, donc 30 nouvelles recrues sont des ouvriers temporaires.
- $x_4 =$ "*Chef d'équipe*"
  - $f_4 = 0.175$, donc 17.5% des nouvelles recrues sont des chefs d'équipe.

Remarque : Les notions d'effectifs et de fréquences cumulés ont **un sens uniquement** si la variable est **ordinale**. Par conséquent la notion de quantile également.

En reprenant les données de l'enquête 3, La variable étant qualitative ordinale, les effectifs et les fréquences cumulés ont une interprétation concrète et peuvent donc être ajoutés au tableau.

Poste	n_i	f_i	N_i	F_i
Stagiaire	18	0.15	18	0.15
Ouvrier temporaire	30	0.25	48	0.40
Ouvrier permanent	42	0.35	90	0.75
Chef d'équipe	21	0.175	111	0.925
Chef de service	09	0.075	120	1

Tableau 8: Tableau des effectifs et fréquences cumulés

Nous avons :

- $N_2 = 48$, donc 48 nouvelles recrues sont au plus des ouvriers temporaires.
- $F_4 = 0.925$, donc 92.5% des nouvelles recrues sont au plus des chefs d'équipe.

2. Représentations graphiques

Pour une variable qualitative, il existe plusieurs types de représentations graphiques.

Le principe est de représenter les différentes modalités avec une surface proportionnelle aux effectifs

(n_i) ou aux fréquences (f_i) (ou aux pourcentages $(f_i(\%))$ respectifs.

Nous verrons deux graphiques appartenant à la famille des diagrammes en barres ou à bandes[14], et le diagramme en secteurs.

2.1. Diagramme en barres ou à bandes verticales

Il est constitué de deux axes perpendiculaires, l'axe des abscisses ; non gradué ; pour les modalités, et l'axe des ordonnées ; gradué ; pour les n_i ou les f_i (ou $f_i(\%)$).

Il se construit en juxtaposant r rectangles séparés[15] par des espaces équidistants qui représenteront les r modalités.

Les bases des rectangles sont toutes de mêmes dimensions choisies arbitrairement. Les hauteurs sont délimitées par les n_i ou les f_i (ou $f_i\%$) respectifs.

---

[14] Les termes diagramme à bandes et diagramme en barres sont des synonymes.

[15] La séparation est faite pour éviter qu'on ne confonde le diagramme en barres et l'histogramme et rappeler que les modalités sont des qualités et non des quantités.

En reprenant les données de l'**enquête 3**, nous avons le diagramme :

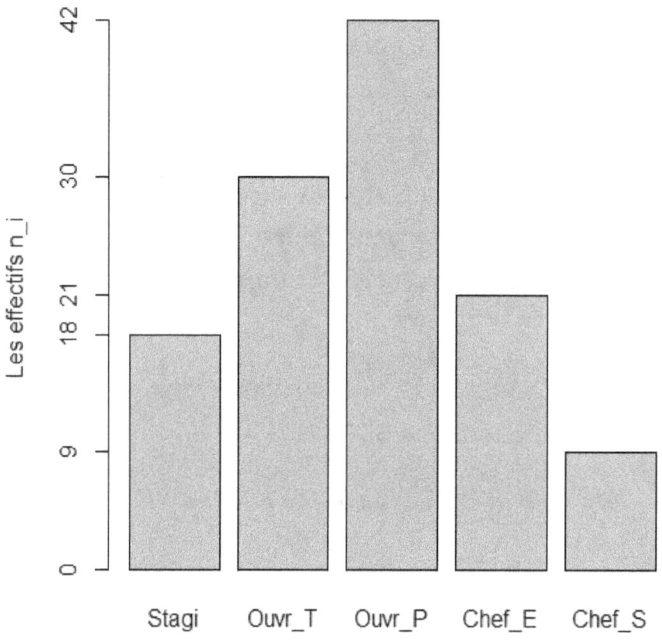

Figure 8: Diagramme en barres verticales

Remarque : Ce graphique est également appelé tuyaux d'orgues ou diagramme en colonnes.

2.2. Diagramme en barres empilées ou à bandes superposées

Il est constitué d'un seul axe disposé horizontalement ou verticalement, gradué de 0 à n si l'on travaille avec les n_i ou de 0 à 1 si l'on travaille avec les f_i ou 0 à 100 avec les f_i%.

Il se construit en représentant les r modalités dans un seul rectangle de longueur équivalente aux graduations de l'axe et de largeur choisie arbitrairement.

Les proportions[16] respectives aux modalités sont délimitées par $(r - 1)$ segments à l'intérieur du rectangle, perpendiculaires à l'axe et de mêmes dimensions que la largeur.

Les modalités sont représentées selon l'ordre du tableau, on commence par calculer les effectifs ou les fréquences (ou les pourcentages) **cumulés** respectivement N_i ou F_i (ou $F_i\%$).

Le i^{ème} segment sera positionné au niveau de l'abscisse correspondant à N_i ou F_i (ou $F_i\%$).

Au besoin le graphique pourra être complété par une légende.

---

[16] Ses proportions forment les barres (ou les bandes)

En reprenant les données de l'**enquête 3**, nous avons le diagramme :

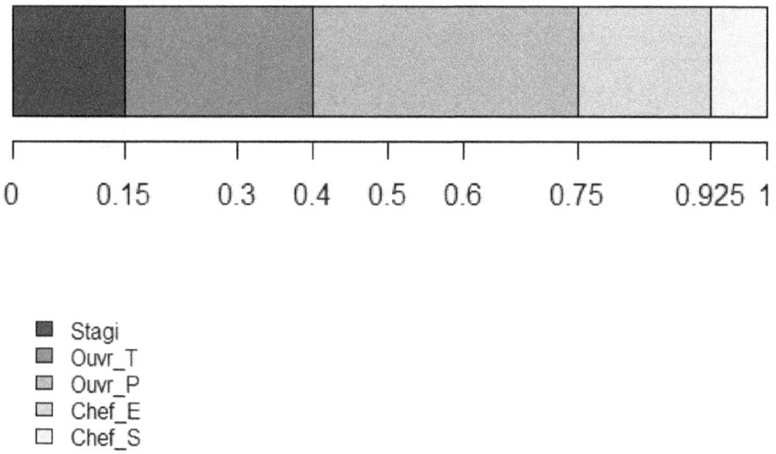

Figure 9: Diagramme en barres empilées

Remarque : Nous rappelons que les effectifs et les fréquences cumulés n'ont un sens que si la variable est ordinale, si ce n'est pas le cas, les calculer ne sert qu'à réaliser le graphique.

2.3. Diagramme en secteurs

C'est un cercle divisé en r secteurs représentant les r modalités et ayant pour seul point commun le centre.

Le $i^{ème}$ secteur respectif à la $i^{ème}$ modalité a pour surface l'espace formé par l'angle α_i tel que :

$$\alpha_i = \frac{360° * n_i}{n} = \frac{360° * f_i\%}{100} = 360° * f_i \text{ Avec} \sum_1^r \alpha_i = 360°.$$

Exemple : $\alpha_2 = 360° * f_2 = 360° * 0.25 = 90°$.

Poste	n_i	f_i	α_i
Stagiaire	18	0.15	54°
Ouvrier temporaire	30	0.25	90°
Ouvrier permanent	42	0.35	126°
Chef d'équipe	21	0.175	63°
Chef de service	09	0.075	27°
Total	120	1	360°

Tableau 9: Tableau des angles formant les secteurs

L'idéal est de représenter chaque modalité selon l'ordre dans le tableau, on commence par tracer un rayon dans le cercle à partir duquel on construit le premier secteur formé par l'angle α_1, ensuite on construit le 2ème secteur voisin du premier, ainsi de suite jusqu'à la construction du $r^{ème}$ secteur. Au besoin le graphique pourra être complété par une légende.

En reprenant les données de l'**enquête 3**, nous avons le diagramme :

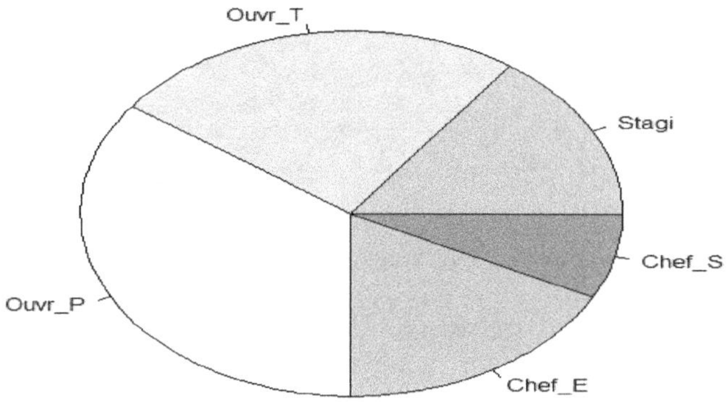

Figure 10: Diagramme en secteurs

Remarque : Le diagramme en secteurs est aussi appelé diagramme circulaire. Sa réalisation « à la main » nécessite évidement un rapporteur et un compas.

3. Mode

Le mode d'une variable qualitative est la modalité ayant le plus grand effectif ou la plus grande fréquence.

En reprenant les données de l'**enquête 3**, le mode est"*ouvrier permanent*" , donc la majorité des nouvelles recrues sont des ouvriers permanents.

4. Quantiles

Lorsque la variable qualitative est ordinale, les quantiles ont une interprétation concrète. Pour la détermination en particulier des quartiles, on utilise exactement les mêmes méthodes vues dans le cas d'une variable quantitative discrète. La seule exception est pour la médiane avec un effectif total n pair, elle correspondra alors à la k[ème] modalité de la série avec $k = \frac{n}{2}$.

Dans l'**enquête 3**, la médiane $q_2 =$ "*ouvrier permanent*", donc la moitié des nouvelles recrues sont au plus des ouvriers permanents.

Remarque : Nous rappelons que si la variable était qualitative nominale, il serait inutile de calculer les quartiles.

Exercices

Exercice 1. Considérons les variables ci-dessous, spécifiez si elles sont qualitatives (nominales ou ordinales) ou quantitatives (discrètes ou continues).

Les catégories socio-professionnelles,

Le nombre de villages de plus de 100 000 habitants,

Le poids,

Le numéro de boîte postal,

Le nombre de médailles remportées par athlètes camerounais aux JO de Sydney 2000,

Le grade dans l'armée.

L'âge.

Exercice 2. Un promoteur de matériel informatique fait une enquête auprès des étudiants de 1ère année de l'université de Douala sur les raisons qui ont motivé le choix de la marque lors de l'achat de leurs ordinateurs portables. Il obtient la série suivante :

x_i	$Famil$	$Conviction\ pers$	$Choix\ par\ d$	$Amit$	$Autre$
n_i	27	30	12	21	10

(a). Indiquer l'échantillon, sa taille et le caractère étudiés.

(b). Déterminer le mode et interpréter-le.

(c). Déterminer les fréquences cumulées F_i. Que signifient F_2 et F_4 ?

(d). Représenter le diagramme en barres empilées.

Exercice 3. On interroge des commerçants en échelonnant leurs réponses de '1'=« 'tout à fait en désaccord » à '5'=« tout à fait d'accord » sur l'affirmation « Le payement par "mobile money" au Cameroun est sans risque ». On a les deux tableaux d'effectifs suivants :

$(Hommes)\ x_i$	1	2	3	4	5
n_i	14	17	19	27	15

$(Femmes)\ x_i$	1	2	3	4	5
n_i	21	23	18	14	21

(a). Indiquer la population étudiée, sa taille et le caractère étudiés.

(b). Construire sur un même repère orthogonal les deux diagrammes en barres verticales.

(c). Déterminer et interpréter les quartiles pour chacun de ces deux échantillons

(d). Comparer l'avis des commerçants hommes et femmes sur le payement par mobile money

Partie II

Statistique descriptive bidimensionnelle (bi-variée)

Dans cette partie nous nous intéressons à l'ensemble des méthodes permettant de décrire des données bidimensionnelles.

Soit deux variables statistiques X et Y définies à partir de deux caractères différents observés sur la même population. La série statistique est alors une suite de n couples de valeurs prises par les deux variables sur chaque individu :

$$(x_1, y_1), \cdots, (x_i, y_i), \cdots, (x_n, y_n)$$

avec $1 \leq i \leq n$.

L'objectif est d'étudier la « liaison » entre les variables, plus concrètement l'existence d'une éventuelle variation simultanée entre elles.

Quelle que soit la nature des variables, la liaison se situe entre deux extrêmes :

- L'indépendance totale : la liaison est nulle, la variation de l'une n'entraîne pas la variation de l'autre.
- La dépendance totale : la liaison est fonctionnelle, la variation de l'une entraîne automatiquement la variation de l'autre.

L'étude de la liaison s'appuie sur trois étapes, la présentation des données, la réalisation d'un graphique spécifique permettant d'établir l'existence ou pas d'une variation simultanée et le calcul d'une caractéristique numérique quantifiant la liaison éventuelle.

L'objectif ultime étant de décrire le comportement de la population par rapport aux deux caractères étudiés simultanément.

Nous verrons premièrement le cas de deux variables quantitatives, ensuite celui de deux variables qualitatives et enfin celui d'une variable quantitative et une qualitative.

Chapitre 4 : Deux variables quantitatives

L'analyse simultanée de deux variables quantitatives, consiste à déterminer s'il existe une liaison **linéaire** entre ces variables. Mathématiquement, cela signifie qu'on cherche à savoir si le lien entre les deux variables peut s'écrire sous la forme d'une équation de droite.

Pour cela, on s'appuie sur un graphique de type « nuage de points », et le calcul d'un indice de liaison appelé le coefficient de corrélation linéaire.

Remarques : Les variables quantitatives dans une étude bidimensionnelle sont toujours discrètes, car les valeurs exactes sont nécessaires pour le calcul des caractéristiques numériques.

1. Présentation des données

Soit deux variables quantitatives X et Y observées sur une population de taille n.

Les variables X et Y possèdent donc chacune n observations, respectivement $\{x_1, \cdots, x_i, \cdots, x_n\}$ et $\{y_1, \cdots, y_i, \cdots, y_n\}$.

La présentation des données est assez simple, les observations sont classées dans un tableau de n lignes et 2 colonnes.

Enquête 4 : Le directeur d'une petite entreprise de produits ménagers à Akonolinga voudrait étudier le lien entre ses commerciaux et ses ventes, et éventuellement faire des prévisions.

Sachant que le nombre de commerciaux et le nombre de ventes sont renouvelés quotidiennement, Iil dispose des données de son entreprise pour les 20 derniers jours.

Nous avons dans ce tableau, la variable X pour le nombre de commerciaux et Y pour le nombre de ventes les 20 derniers jours.

X	Y
10	32
11	32
12	33
13	33
13	34
14	33
14	34
14	35
15	34
15	35
15	36
15	35
16	35
16	35
17	36
18	35
19	36
19	37
20	38
20	37

La population : les derniers jours de travail

- Taille est $n = 20$.

Nous avons :

- $x_5 = 13$ et $y_5 = 34$, donc le 5ème jour, 13 commerciaux ont travaillé et 34 ventes ont été réalisées.

2. Nuage de points ou diagramme de dispersion.

Soit deux variables quantitatives X et Y observées sur la même population. Le nuage de points est un graphique qui représente les individus $i$de la population.

Il est constitué de deux axes gradués perpendiculaires. En général, nous avons l'axe des abscisses pour X et l'axe des ordonnées pour Y.

Le nuage de points se construit en représentant les individus i par les points d'abscisses x_i et d'ordonnées y_i, noté (x_i, y_i).

En reprenant les données de l'**enquête 4**, nous avons le nuage de points :

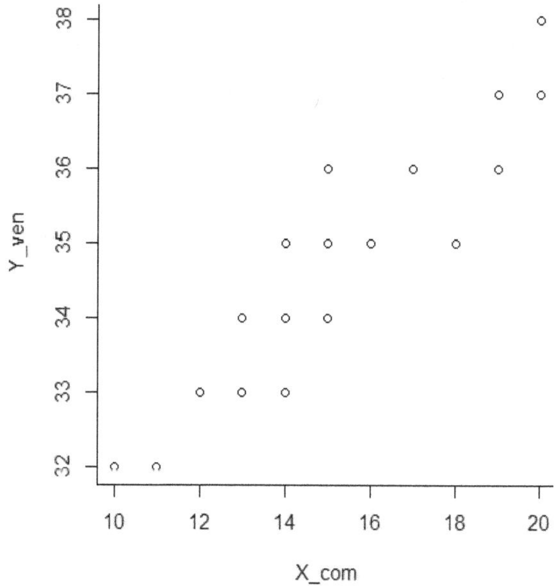

Figure 11: Nuage de points

Remarque : Le choix des échelles sur les axes dépend des variables

- Si X et Y sont homogènes, la même échelle est choisie pour les deux axes.
- Si X et Y sont hétérogènes,
    - soit on représente les variables centrées réduites de X et de Y sur des axes orthonormés,
    - soit on choisit une échelle correspondant simultanément à X et à Y (solution choisie par les logiciels).

Interprétation : Le graphique nous donne une idée de la liaison. En posant un stylo le long du nuage, s'il épouse facilement la direction formée par l'ensemble des points, alors on dit que le nuage de points est nettement allongé et on peut considérer qu'il existe une liaison **linéaire** entre les variables.

Remarque : Le cas contraire ne signifie pas l'absence de liaison, mais plutôt l'absence d'une liaison **linéaire**.

En observant le nuage de points des données de l'**enquête 4**, en y posant le long un stylo, il est clair qu'il épouse la direction formée par l'ensemble des points. On peut donc considérer que la liaison est linéaire entre le nombre de commerciaux et le nombre de ventes.

3. Covariance et coefficient de corrélation linéaire

3.1. Covariance

La covariance entre deux variables quantitatives X et Y ; notée $S_{X,Y}$ ou $cov(X,Y)$; est la moyenne des produits des écarts à la moyenne. Elle est égale à :

$$S_{X,Y} = cov(X,Y) = \frac{1}{n}\sum_{i=1}^{n}(x_i - \bar{x})(y_i - \bar{y})$$

Elle est équivalente à l'écart entre la moyenne des produits et le produit des moyennes :

$$S_{X,Y} = \left[\frac{1}{n}\sum_{i=1}^{n} x_i y_i\right] - \bar{x}\bar{y}$$

Propriétés :

- $S_{X,Y}$ ne dépend pas des unités de mesure dans lesquelles sont exprimées les variables.
- La covariance est symétrique, $cov(X,Y) = cov(Y,X)$ $(S_{X,Y} = S_{Y,X})$.
- La covariance est un réel ($\in \mathbb{R}$), donc elle peut être négative, nulle ou positive.

En reprenant les données de l'**enquête 4**, nous calculons la covariance :

$$\frac{1}{20}\sum_{i=1}^{20} x_i y_i = 535.8, \bar{x} = \frac{1}{20}\sum_{i=1}^{20} x_i = 15.3, \bar{y} = \frac{1}{20}\sum_{i=1}^{20} y_i = 34.75$$

$$S_{X,Y} = 535.8 - (15.3 * 34.75) = 535.8 - 531.675 = 4.125$$

$$S_{X,Y} = 4.125$$

Remarque : La covariance généralise à deux variables la notion de variance, par conséquent, elle est également difficilement interprétable, son rôle principal est de calculer le coefficient de corrélation linéaire.

3.2. Coefficient de corrélation linéaire

Le coefficient de corrélation linéaire entre deux variables quantitatives X et Y ; noté $r_{X,Y}$ ou $corr(X,Y)$; est le rapport entre la covariance et le produit des écart-types. Il est égal à :

$$r_{X,Y} = corr(X,Y) = \frac{cov(X,Y)}{\sqrt{Var(X)}\sqrt{Var(Y)}} = \frac{S_{X,Y}}{S_X S_Y}$$

Propriétés :

- $r_{X,Y}$ ne dépend pas des unités de mesure dans lesquelles sont exprimées les variables
- Le coefficient de corrélation linéaire est symétrique ($r_{X,Y} = r_{Y,X}$).

- $|r_{X,Y}| \leq 1 \Leftrightarrow -1 \leq r_{X,Y} \leq 1$

En reprenant les données de l'**enquête 4**, nous calculons le coefficient de corrélation linéaire :

$$S_X^2 = \frac{1}{20}\sum_{i=1}^{20}(x_i - \bar{x})^2 = 7.81 \Rightarrow S_X = 2.79464,$$

$$S_Y^2 = \frac{1}{20}\sum_{i=1}^{20}(y_i - \bar{y})^2 = 2.5875 \Rightarrow S_Y = 1.60857$$

$$r_{X,Y} = \frac{S_{X,Y}}{S_X S_Y} = \frac{4.125}{2.79464 * 1.60857} = 0.91761$$

$$r_{X,Y} = 0.91761$$

Interprétation :

Le signe :

Le signe du coefficient de corrélation linéaire ;$r_{X,Y}$; indique le sens de la liaison :

- $r_{X,Y} > 0$, les deux variables ont tendance à varier dans le même sens, si les valeurs de X augmentent, celles de Y augmentent également.
- $r_{X,Y} < 0$, les deux variables ont tendance à varier dans le sens opposé, si les valeurs de X augmentent, celles de Y diminuent et vice-versa.

L'intensité de la liaison :

La valeur absolue du coefficient de corrélation linéaire ;$|r_{X,Y}|$; indique l'intensité de la liaison **linéaire :**

- Plus $|r_{X,Y}|$ est proche de 1, plus la liaison sera forte
- Plus $|r_{X,Y}|$ est proche de 0, plus la liaison sera faible

Remarque :

- $r_{X,Y} = 0 \Leftrightarrow S_{X,Y} = 0$.
- $r_{X,Y}$ ne permet pas de conclure à la causalité de la liaison.
- $|r_{X,Y}|$ proche de 0 ne signifie pas nécessairement l'absence d'une liaison, mais plutôt l'absence d'une liaison **linéaire**.
- Les valeurs -1 et 1 ($|r_{X,Y}| = 1 \Leftrightarrow r_{X,Y} = 1 \; ou \; r_{X,Y} = -1$) correspondent à une liaison **linéaire** fonctionnelle. En pratique, un tel cas est quasi impossible.

En reprenant les données de l'**enquête 4**, nous avons :

- $|r_{X,Y}| = 0.91761$ (proche de 1), donc il existe une liaison linéaire forte entre X et Y.
- $r_{X,Y} > 0$ (positif), les 2 variables ont tendance à varier dans le même sens, plus le nombre de commerciaux est grand (ou petit), plus le nombre de ventes de produits ménagers augmente (ou diminue).

4. Vers la régression linéaire

Lorsque deux variables quantitatives X et Y sont fortement corrélées ($|r_{X,Y}|$ proche de 1) et que l'on considère que l'une ; en général X ; est cause de l'autre ; en général Y ; on peut alors envisager qu'il existe une fonction de X permettant de déterminer Y.

Pour trouver cette fonction, on utilise une méthode appelée la régression de Y sur X. Si l'on considère que c'est une fonction affine; du type $f(X) = aX + b$; qui permet de déterminer de manière optimale[17] Y, alors on parle de régression linéaire.

Le graphe d'une telle fonction est une droite et est appelé la droite de régression de Y sur X, d'équation $Y = aX + b$.

L'objectif de la régression linéaire est d'avoir la meilleure estimation possible des valeurs de a et b, notées[18] $\hat{a}$ et $\hat{b}$.

Pour déterminer $\hat{a}$ et $\hat{b}$, on utilise la méthode des « moindres carrées ». Elle consiste à minimiser en a et b la fonction :

$$F(a,b) = \sum_{i=1}^{n} [y_i - (ax_i + b)]^2$$

---

[17] « Optimal » dans le sens que la fonction doit donner la meilleure approximation possible de Y

[18] Généralement en statistique les valeurs estimées sont notées avec des accents circonflexes.

La minimisation de F donne la solution unique :

$$\hat{a} = \frac{S_{X,Y}}{S_X^2} = \frac{Cov(X,Y)}{Var(X)} \; et \; \hat{b} = \bar{y} - \hat{a}\bar{x}$$

La droite de régression de Y sur X sera donc $Y = \hat{a}X + \hat{b}$.

Remarque :

- La droite de régression passe par le barycentre du nuage de points $(\bar{x}, \bar{y})$,
- $\hat{y}_i = \hat{a}x_i + \hat{b}$ est appelée la valeur prédite (estimée) de y_i.
- $r_{X,Y} > 0 \Leftrightarrow S_{X,Y} > 0 \Leftrightarrow \hat{a} > 0$, la droite est ascendante.
- $r_{X,Y} < 0 \Leftrightarrow S_{X,Y} < 0 \Leftrightarrow \hat{a} < 0$, la droite est descendante.

En reprenant les données de l'**enquête 4**, On suppose que le nombre de ventes quotidiennes ; Y ; dépend du nombre de commerciaux ; X. Le nuage de points est nettement allongé et le coefficient de corrélation linéaire est proche de 1, alors on conclut à l'existence d'une relation linéaire entre Y et X telle que $Y = aX + b$.

Soit $\hat{a}$ et $\hat{b}$ les estimations respectives de a et b :

$$\hat{a} = \frac{S_{X,Y}}{S_X^2} = \frac{4.125}{7.81} = 0.52817 \; et \; \hat{b} = \bar{y} - \hat{a}\bar{x}$$
$$= 34.75 - 0.52817 * 15.3 = 26.669$$

Donc $Y = \hat{a}X + \hat{b} \Leftrightarrow Y = 0.52817X + 26.669$.(cf. figure **(a)**)

Si à la 21ème journée, il n'y a que 15 commerciaux ; $x_{21} = 15$; on pourra estimer le nombre de ventes par :

$$\hat{y}_{21} = 0.52817x_{21} + 26.669$$

$$\hat{y}_{21} = 0.52817 * 15 + 26.669 = 34.59155$$

$$\hat{y}_{21} = 34.59155 \approx 35\ ventes$$

Remarque : On peut également avoir l'estimation du nombre de ventes de la 21ème journée graphiquement, il suffit de trouver l'ordonnée correspondant à l'abscisse 15 par la droite de régression. (cf. figure **(b)**)

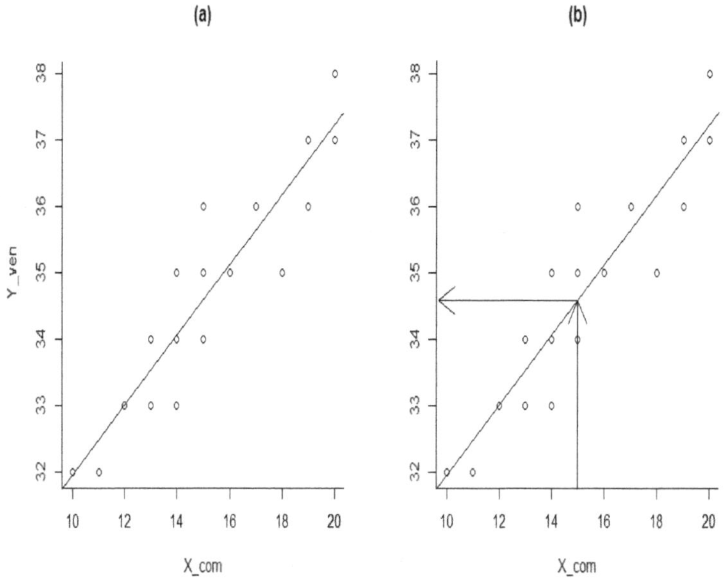

Figure 12: Figures du nuage de points avec la droite de régression

Exercices

Exercice 1. Le but de cet exercice est de bien comprendre la notion de « liaison linéaire ». On considère quatre jeux de données fictives, relatifs à deux variables quantitatives X et Y,

$$jeu\,1 = \begin{pmatrix} 5 & 6 \\ 6 & 5 \\ 6 & 7 \\ 7 & 6 \\ 7 & 7 \\ 7 & 8 \\ 8 & 7 \\ 8 & 8 \\ 9 & 8 \\ 8 & 9 \end{pmatrix}, \quad jeu2 = \begin{pmatrix} 1 & 1 \\ 1 & 2 \\ 1 & 3 \\ 2 & 1 \\ 2 & 4 \\ 3 & 2 \\ 3 & 3 \\ 3 & 4 \\ 4 & 1 \\ 4 & 2 \end{pmatrix},$$

$$jeu3 = \begin{pmatrix} 1 & 1 \\ 1 & 2 \\ 1 & 3 \\ 2 & 1 \\ 2 & 2 \\ 2 & 3 \\ 3 & 1 \\ 3 & 2 \\ 3 & 3 \\ 8 & 8 \\ 9 & 9 \end{pmatrix}, \quad jeu4 = \begin{pmatrix} 1 & 6 \\ 2 & 5 \\ 2 & 6 \\ 3 & 4 \\ 3 & 5 \\ 4 & 3 \\ 4 & 4 \\ 5 & 2 \\ 5 & 3 \\ 6 & 1 \\ 6 & 2 \\ 7 & 1 \end{pmatrix}$$

On donne le tableau des indicateurs numériques pour chaque jeu de données arrondies à deux chiffres après la virgule près.

Jeu	$\bar{x}$	$\bar{y}$	S_X	S_Y	$S_{X,Y}$
Jeu 1	7.2	7.1	1.25	1.14	1.08
Jeu 2	2.4	2.3	1.11	1.10	-0.02
Jeu 3	3.2	3.2	2.62	2.62	6.33
Jeu 4	4.0	3.5	1.78	1.71	-2.92

(Source : Polycopié statistique descriptive élémentaire ; Alain Baccini)

Réaliser pour chaque jeu de données le nuage de points et calculer le coefficient de corrélation linéaire et commenter du lien entres les variables.

Exercice 2. On étudie un échantillon de taille $n = 100$ sur lequel ont été mesurés deux caractères X et Y. On a observé les résultats suivants :

$$\sum_{i=1}^{100} x_i = 800 \sum_{i=1}^{100} y_i = 1200 \sum_{i=1}^{100} x_i^2 = 7200 \sum_{i=1}^{100} y_i^2$$
$$= 16000 \sum_{i=1}^{100} x_i y_i = 10200$$

(a). Déterminer les moyennes, les variances et la covariance de Xet de Y.

(b). En déduire le coefficient de corrélation entre X et Y. Interpréter.

(c). Déterminer la droite de régression linéaire de Y en X.
(d). Déterminer la droite de régression linéaire de X en Y.

Exercice 3. Une société camerounaise commercialisant de l'eau minérale souhaite analyser la dépendance entre la quantité d'eau, notée X, et la concentration en oxygène, notée Y, à partir des 21 relevés suivants :

x_i	0	2	4	6	8	10	12	14	16	18
y_i	0	0.1	0.2	0.4	0.1	0.6	0.7	0.1	1.1	0.8

20	22	24	26	28	30	32	34	36	38	40
0.6	1.6	0.7	1.2	1.9	0.3	1.9	2.0	0.3	2.6	1.9

(a). Indiquer la population et le caractère étudiés.

(b). Représenter le nuage de points.

(c). Déterminer la moyenne et l'écart-type de X et de Y

(d). En déduire la covariance et le coefficient de corrélation entre X et Y

(e). Que pouvez-vous en conclure sur la dépendance linéaire entre X et Y ?

(f). Déterminer la droite de régression pour cet échantillon.

La société modifie les paramètres de son expérience et réalise 21 nouveaux relevés :

x_i	0	2	4	6	8	10	12	14	16	18	20	22	24	26	28	30	32	34	36	38	40
y_i	5	5.9	4.3	4.8	6.2	4.7	4.7	6.3	5.0	4.6	6.3	5.4	4.6	6.3	5.8	4.6	6.2	6.2	4.7	6.0	6.6

(f). Reprendre les cinq questions précédentes pour ce deuxième jeu de données.

(g). Pour quelle expérience (la première ou la deuxième) le lien linéaire entre X et Y est-il le plus significatif ?

Chapitre 5 : Deux variables qualitatives

L'analyse simultanée de deux variables qualitatives, consiste à étudier la dépendance entre ces variables. Elle s'appuie sur trois étapes :

- La présentation des données dans un tableau appelé la table de contingence.
- La représentation graphique afin d'identifier une éventuelle liaison.
- Le calcul d'un indice de liaison appelé le khi-deux.

1. Table de contingence

Soit deux variables qualitatives ; X possédant l modalités $(x_1, \cdots, x_i, \cdots, x_l)$ et Y possédant c modalités $(y_1, \cdots, y_j, \cdots, y_c)$; observées sur une même population.

La table de contingence est un tableau statistique permettant de présenter les variables X et Y simultanément et de manière croisée. Elle se construit comme ci-dessous :

$X \backslash Y$	y_1	$\cdots$	y_j	$\cdots$	y_c	$Somme$
x_1	n_{11}	$\cdots$	n_{1j}	$\cdots$	n_{1c}	n_{1*}
$\vdots$	$\vdots$	$\ddots$	$\vdots$	$\ddots$	$\vdots$	$\vdots$
x_i	n_{i1}	$\cdots$	n_{ij}	$\cdots$	n_{ic}	n_{i*}
$\vdots$	$\vdots$	$\ddots$	$\vdots$	$\ddots$	$\vdots$	$\vdots$
x_l	n_{l1}	$\cdots$	n_{lj}	$\cdots$	n_{lc}	n_{l*}
$Somme$	n_{*1}	$\cdots$	n_{*j}	$\cdots$	n_{*c}	n

Tableau 11: Table de contingence classique

Nous avons donc un tableau de dimension $l \times c$; c'est-à-dire de l lignes et c colonnes avec :

- n la taille de la population.
- n_{ij} l'effectif croisé ou conjoint ou partiel, de la i^{ème} ligne et la j^{ème} colonne, c'est le nombre d'individus présentant simultanément les modalités x_i et y_j.
- n_{i*} est le i^{ème} effectif marginal de X pour tout $i = 1, \cdots, l$, c'est la somme des individus présentant la modalité x_i.
- n_{*j} est le j^{ème} effectif marginal de Y pour tout $j = 1, \cdots, c$, c'est la somme des individus présentant la modalité y_j.

Nous avons donc les relations :

- $n_{i*} = \sum_{j=1}^{c} n_{ij}$ pour tout $i = 1, \cdots, l$.
- $n_{*j} = \sum_{i=1}^{l} n_{ij}$ pour tout $j = 1, \cdots, c$.
- $n = n_{**} = \sum_{i=1}^{l} n_{i*} = \sum_{j=1}^{c} n_{*j} = \sum_{i=1}^{l} \sum_{j=1}^{c} n_{ij}$.

Remarque : En général les modalités de X sont disposées en lignes et celles de Y en colonnes.

Enquête 5 : Une entreprise de télécommunications à Kribi s'intéresse au niveau de satisfaction de 20 de ses abonnés sur la qualité de son service client.

Soient les deux variables qualitatives X et Y telles que nous avons :

- X : « *sexe* », avec 2 modalités,
  - Masculin (M), Féminin (F).

- Y : « $Etes-vous\ satisfait\ du\ service\ client$? », avec 3 modalités,
    - Non (0), Indécis (1), Oui (2).

L'entreprise cherche à déterminer si le niveau de satisfaction est lié au sexe du client.

Individus	*X*	*Y*
1	*F*	0
2	*F*	0
3	*F*	1
4	*F*	2
5	*M*	1
6	*M*	1
7	*M*	1
8	*M*	0
9	*M*	0
10	*F*	1
11	*F*	0
12	*M*	2
13	*M*	1
14	*F*	0
15	*F*	2
16	*F*	0
17	*F*	2
18	*M*	1
19	*M*	0
20	*F*	0

Tableau 13: Données de l'enquête 5

X \ *Y*	0	1	2	*Sommes*
M	3	5	1	9
F	6	2	3	11
Sommes	9	7	4	20

Tableau 12: Table de contingence

- $n_{12} = 5$ est l'effectif croisé de la 1ère ligne et la 2ème colonne, donc 5 individus ont présenté simultanément les modalités "M" et "1".

- **Interprétation :** 5 abonnés sont de sexe masculin **et** sont indécis sur la qualité du service client.

- $n_{23} = 3$ est l'effectif croisé de la 2ème ligne et la 3ème colonne, donc 3 individus ont présenté simultanément les modalités "F" et "2".

- **Interprétation :** 3 abonnés sont de sexe féminin **et** sont satisfaits du service client.

- $n_{1*} = 9$ est le 1er effectif marginal, donc la modalité "M" a été observée 9 fois.
  - **Interprétation :** 9 abonnés sont de sexe masculin.
  - $n_{1*} = \sum_{j=1}^{3} n_{1j} = n_{11} + n_{12} + n_{13} = 3 + 5 + 1 = 9.$
- $n_{*2} = 7$ est le 2ème effectif marginal de Y, donc la modalité "1" a été observée 7 fois.
  - **Interprétation :** 7 abonnés sont indécis sur la qualité du service client.
  - $n_{*2} = \sum_{1=1}^{2} n_{i2} = n_{12} + n_{22} = 5 + 2 = 7.$

Le nombre total "n" d'abonnés interrogés (l'effectif total) est égal à :

- $n = \sum_{i=1}^{2} n_{i*} = n_{1*} + n_{2*} = 9 + 11 = 20$ ou
- $n = \sum_{j=1}^{3} n_{*j} = n_{*1} + n_{*2} + n_{*3} = 9 + 7 + 4 = 20$ ou
- $n = \sum_{1}^{2} \sum_{1}^{3} n_{ij} = n_{11} + n_{12} + n_{13} + n_{21} + n_{22} + n_{23} = 3 + 5 + 1 + 6 + 2 + 3 = 20$

2. Tableau des fréquences (ou des distributions)

Le tableau des fréquences est la table de contingence avec les fréquences. Elle s'obtient en divisant tous les effectifs par l'effectif total.

Y \ X	y_1	$\cdots$	y_j	$\cdots$	y_c	*Somme*
x_1	f_{11}	$\cdots$	f_{1j}	$\cdots$	f_{1c}	f_{1*}
$\vdots$	$\vdots$	$\ddots$	$\vdots$	$\ddots$	$\vdots$	$\vdots$
x_i	f_{i1}	$\cdots$	f_{ij}	$\cdots$	f_{ic}	f_{i*}
$\vdots$	$\vdots$	$\ddots$	$\vdots$	$\ddots$	$\vdots$	$\vdots$
x_l	f_{l1}	$\cdots$	f_{lj}	$\cdots$	f_{lc}	f_{l*}
Somme	f_{*1}	$\cdots$	f_{*j}	$\cdots$	f_{*c}	$1(ou\ 100\%)$

Tableau 14: Tableau des fréquences classique

Pour tout $i = 1, \cdots, l$ et pour tout $j = 1, \cdots, c$ nous avons :

- $f_{ij} = \frac{n_{ij}}{n}$, la fréquence croisée ou conjointe ou partielle de la i[ème] ligne et la j[ème] colonne
- $f_{i*} = \frac{n_{i*}}{n}$, la i[ème] fréquence marginale de X.
- $f_{*j} = \frac{n_{*j}}{n}$, la j[ème] fréquence marginale de Y.
- $\sum_{i=1}^{l} f_{i*} = \sum_{j=1}^{c} f_{*j} = \sum_{i=1}^{l} \sum_{j=1}^{c} f_{ij} = 1$

En reprenant les données de **l'enquête 5**, nous avons le tableau de fréquences suivant :

Y \ X	0	1	2	*Somme*
M	0.15	0.25	0.05	0.45
F	0.30	0.10	0.15	0.55
Somme	0.45	0.35	0.20	1

Tableau 15: Tableau des fréquences de l'enquête 5

Remarque :

- La table de contingence des effectifs ou des fréquences fournit la même information.
- Pour avoir les résultats en pourcentage, on multiplie les valeurs du tableau par 100.

Nous avons :

- $f_{21} = 0.30$, la fréquence croisée de la 2ème ligne et la 1ère colonne, donc 30% des abonnés sont de sexe féminin **et** sont insatisfaits du service client.
- $f_{*3} = 0.20$, la 3ème fréquence marginale de Y, donc 20% des abonnés sont satisfaits du service client.

3. Profil-lignes et profil-colonnes

Rechercher un lien entre les variables d'une table de contingence, revient à comparer les fréquences (ou distributions) conditionnelles en lignes ou les fréquences conditionnelles en colonnes respectivement appelées profils-lignes ou profils-colonnes.

Le ième profil-ligne est l'ensemble des fréquences conditionnelles de la variable Y par rapport à la modalité x_i défini par :

$$\{f_{1/i}, \cdots, f_{j/i}, \cdots, f_{c/i}\} = \left\{\frac{n_{i1}}{n_{i*}}, \cdots, \frac{n_{ij}}{n_{i*}}, \cdots, \frac{n_{ic}}{n_{i*}}\right\}$$

$f_{j/i}$ est la fréquence conditionnelle de y_j si x_i autrement dit la fréquence pour un individu de présenter la modalité y_j sachant qu'il présente déjà la modalité x_i.

Le j[ème] profil-colonne est l'ensemble des fréquences conditionnelles de la variable X par rapport à la modalité y_j défini par :

$$\{f_{1/j},\cdots,f_{i/j},\cdots,f_{l/j}\}=\left\{\frac{n_{1j}}{n_{*j}},\cdots,\frac{n_{ij}}{n_{*j}},\cdots,\frac{n_{lj}}{n_{*j}}\right\}$$

$f_{i/j}$ est la fréquence conditionnelle de x_i si y_j autrement dit la fréquence pour un individu de présenter la modalité x_i sachant qu'il présente déjà la modalité y_j.

En reprenant les données de l'**enquête 5**, nous avons le tableau des profils-lignes :

X \ Y	0	1	2	*Somme*
M	0.333	0.556	0.111	1
F	0.545	0.182	0.273	1
frequece marginale Y	0.45	0.35	0.20	1

Tableau 16: Tableau des profils-lignes

Nous avons deux profils-lignes :

Le 1er est $\{f_{1/1},f_{2/1},f_{3/1}\}=\left\{\frac{n_{11}}{n_{1*}},\frac{n_{12}}{n_{1*}},\frac{n_{13}}{n_{1*}}\right\}=\left\{\frac{3}{9},\frac{5}{9},\frac{1}{9}\right\}=$ $\{0.333,0.556,0.111\}$

Le 2ème est $\{f_{1/2},f_{2/2},f_{3/2}\}=\left\{\frac{n_{11}}{n_{2*}},\frac{n_{12}}{n_{2*}},\frac{n_{13}}{n_{2*}}\right\}=$ $\left\{\frac{6}{11},\frac{2}{11},\frac{3}{11}\right\}=\{0.545,0.182,0.273\}$

- $f_{2/1} = 0.556$ est la fréquence conditionnelle de "1" sachant "M", soit la fréquence pour les abonnés d'être indécis sur la qualité du service client **sachant** qu'ils sont de sexe masculin.
    - Donc 55.6% des abonnés de sexe masculin, sont indécis sur la qualité du service client.

- $f_{3/2} = 0.273$ est la fréquence conditionnelle de "3" sachant "F", soit la fréquence pour les abonnés d'être satisfaits du service client **sachant** qu'ils sont de sexe féminin.
    - Donc 27.3% d'abonnés de sexe féminin, sont satisfaits du service client.

Nous avons également le tableau des profils-colonnes

$X \backslash Y$	0	1	2	$frequences\ marginales\ X$
M	0.333	0.714	0.25	0.45
F	0.667	0.286	0.75	0.55
Sommes	1	1	1	1

Tableau 17: Tableau des profils-colonnes

Nous avons trois profils-colonnes :

Le 1er est $\{f_{1/1}, f_{2/1}\} = \left\{\frac{n_{11}}{n_{*1}}, \frac{n_{21}}{n_{*1}}\right\} = \left\{\frac{3}{9}, \frac{6}{9}\right\} = \{0.333, 0.667\}$

Le 2ème est $\{f_{1/2}, f_{2/2}\} = \left\{\frac{n_{12}}{n_{*2}}, \frac{n_{22}}{n_{*2}}\right\} = \left\{\frac{5}{7}, \frac{2}{7}\right\} = \{0.50, 0.50\}$

Le 3ème est $\{f_{1/3}, f_{2/3}\} = \left\{\frac{n_{13}}{n_{*3}}, \frac{n_{23}}{n_{*3}}\right\} = \left\{\frac{1}{4}, \frac{3}{4}\right\} = \{0.25, 0.75\}$

- $f_{2/1} = 0.667$ est la fréquence conditionnelle de "F" sachant "0", soit la fréquence pour les abonnés d'être de sexe féminin **sachant** qu'ils sont insatisfaits du service client.
  - Donc 66.7% d'abonnés insatisfaits du service client, sont de sexe féminin.

- $f_{1/3} = 0.25$ est la fréquence conditionnelle de "M" sachant "2", soit la fréquence pour les abonnés d'être de sexe masculin **sachant** qu'ils sont satisfaits du service client.
  - Donc 25% d'abonnés satisfaits du service client, sont de sexe masculin.

Remarque :

- Nous avons toujours l profils-lignes et c profils-colonnes. Ils peuvent évidemment s'exprimer en pourcentage.
- Pour comparer les profils-lignes ou les profils-colonnes, en général on les représente graphiquement.

4. Représentation graphique

Lorsque l'on veut graphiquement mettre en évidence une liaison entre deux variables qualitatives, on réalise le diagramme en barre des profils-lignes ou des profils-colonnes.

Il est constitué de deux axes perpendiculaires, l'axe des abscisses ; non gradué ; pour les modalités de X si nous représentons les profils-lignes et l'axe des ordonnées gradué de 0 à 1 ou de 0 à 100 selon que l'on travaille respectivement avec les fréquences ou avec les pourcentages.

Il se construit en juxtaposant au niveau de chaque modalité l diagrammes en barre empilées; séparées par des espaces équidistants qui représentent les l profils-lignes.

Les diagrammes en barres empilées sont réalisés selon les mêmes principes que dans le cas unidimensionnel à la différence que les barres sont délimitées par les fréquences ou pourcentages cumulés conditionnels. On pourra ajouter une légende pour compléter le graphique. On pourra construire de manière analogue le diagramme en barre des profils-colonnes.

En reprenant les données de l'**enquête 5**, nous avons les graphiques suivants :

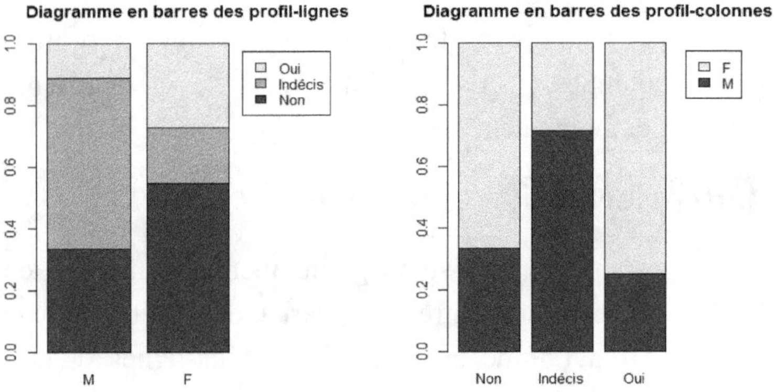

Figure 13: Diagramme en barres des profils

Interprétation : Sous l'hypothèse d'indépendance entre X et Y, les diagrammes en barres des profils-lignes ou des profils-colonnes sont identiques, c'est-à-dire que toutes les barres selon les différentes modalités sont situées à la même hauteur, dans le cas contraire, on peut conclure à l'existence d'une liaison.

Remarque : Il n'est pas nécessaire de représenter à la fois le diagramme des profils-lignes et celui profils-colonnes. Un seul des deux graphiques suffit.

En revenant à l'**enquête 5**, il est évident qu'il existe un lien entre les deux variables, car en observant les profils-lignes, le niveau de satisfaction varie en fonction du sexe (**ou** en observant les profils-colonnes, le sexe varie en fonction du niveau de satisfaction).

5. Effectifs théoriques et indice de liaison

5.1. Effectifs théoriques

Les effectifs théoriques sont les valeurs des effectifs conjoints sous l'hypothèse d'indépendance entre les variables.

Deux variables qualitatives X et Y sont indépendantes si $\forall\, i \in \{1, \cdots, l\}$ et $\forall\, j \in \{1, \cdots, c\}$:

$$f_{ij} = f_{i*} \times f_{*j} \Leftrightarrow \frac{n_{ij}}{n} = \frac{n_{i*}}{n} \times \frac{n_{*j}}{n} \Leftrightarrow n_{ij} = \frac{n_{i*} \times n_{*j}}{n}$$

Par conséquent, on note $n_{ij}^* = \frac{n_{i*} \times n_{*j}}{n}$, l'effectif théorique de n_{ij}. On peut donc construire la table de contingence avec les effectifs théoriques.

En reprenant les données de l'**enquête 5**, nous avons la table de contingence des effectifs théoriques :

X \ Y	0	1	2	*Sommes*
M	4.05	3.15	1.8	9
F	4.95	3.85	2.2	11
Sommes	9	7	4	10

Tableau 18: Table de contingence des effectifs théoriques

- $n_{12}^* = \frac{n_{1*} \times n_{*2}}{n} = \frac{9 \times 7}{20} = 3.15$ est l'effectif théorique de la 1ère ligne et la 2ème colonne.
- $n_{23}^* = \frac{n_{2*} \times n_{*3}}{n} = \frac{11 \times 4}{20} = 2.2$ est l'effectif théorique de la 2ème ligne et la 3ème colonne.

Remarque : Le plus souvent, les effectifs théoriques n_{ij}^* sont des décimales, il ne faut surtout pas les arrondir en nombres entiers, mais toujours les calculer en gardant au moins deux chiffres après la virgule.

5.2. Indice de liaison : le khi-deux (ou khi-carré)

Quantifier la liaison entre *X* et *Y* revient à mesurer l'écart ou la distance entre les effectifs observés et les effectifs théoriques.

L'indice naturel permettant de le faire s'appelle le khi-deux et se définit par :

$$\chi^2 = \sum_{i=1}^{l}\sum_{j=1}^{c}\frac{\left(n_{ij}-n_{ij}^*\right)^2}{n_{ij}^*} = n\left[\sum_{i=1}^{l}\sum_{j=1}^{c}\frac{n_{ij}^2}{n_{i*}\times n_{*j}}-1\right]$$

Enquête 5 : $\chi^2 = \frac{(n_{11}-n_{11}^*)^2}{n_{11}^*}+\frac{(n_{12}-n_{12}^*)^2}{n_{12}^*}+\frac{(n_{13}-n_{13}^*)^2}{n_{13}^*}+\frac{(n_{21}-n_{21}^*)^2}{n_{21}^*}+\frac{(n_{22}-n_{22}^*)^2}{n_{22}^*}+\frac{(n_{23}-n_{23}^*)^2}{n_{23}^*}$

$$\chi^2 = \frac{(3-4.05)^2}{4.05}+\frac{(5-3.15)^2}{3.15}+\frac{(1-1.8)^2}{1.8}+\frac{(6-4.95)^2}{4.95}+\frac{(2-3.85)^2}{3.85}+\frac{(3-2.2)^2}{2.2}$$

$$\chi^2 = \frac{(-1.05)^2}{4.05}+\frac{(1.85)^2}{3.15}+\frac{(-0.8)^2}{1.8}+\frac{(1.05)^2}{4.95}+\frac{(-1.85)^2}{3.85}+\frac{(0.8)^2}{2.2}$$

$$\chi^2 = \frac{1.1025}{4.05}+\frac{3.4225}{3.15}+\frac{0.64}{1.8}+\frac{1.1025}{4.95}+\frac{3.4225}{3.85}+\frac{0.64}{2.2}$$

$$\chi^2 = 0.27222+1.08651+0.35555+0.22273+0.88896+0.29091$$

$$\chi^2 = 3.11688$$

Propriétés :

- Le coefficient χ^2 est toujours positif ou nul (≥ 0)
- $0 \leq \chi^2 \leq n \times min(l-1, c-1)$ avec :
    - 0 correspondant à l'indépendance totale entre X et Y.
    - $n \times min(l-1, c-1)$ correspondant à la dépendance totale entre X et Y.

Remarque : Plus le χ^2 est grand, plus la liaison est forte. Cependant il dépend des dimensions l et c de la table de contingence, ainsi que de la taille n de la population. Plus elles seront grandes plus le χ^2 le sera, ce qui rend difficile son interprétation concrète.

5.3. Dérivées du khi-deux

Le khi-deux peut être modifié afin de ne plus dépendre de n, l et c. On définit :

- Le phi-deux par : $\phi^2 = \frac{\chi^2}{n}$ avec $0 \leq \phi^2 \leq min(l-1, c-1)$, mais le phi-deux dépend également de l et c.
- Le coefficient V de Cramer $= \sqrt{\frac{\phi^2}{min(l-1,c-1)}}$ avec $0 \leq V \leq 1$.
    - Plus V sera proche de 0 plus les variables seront indépendantes.
    - Plus V sera proche de 1 plus les variables seront dépendantes.

En reprenant les données de l'**enquête 5**, nous avons :

Le phi-deux :

$$\phi^2 = \frac{\chi^2}{n} = \frac{3.11688}{20} = 0.15584$$

Le *V* de Cramer

$$V = \sqrt{\frac{\phi^2}{min(l-1, c-1)}} = \sqrt{\frac{0.15584}{min(2-1, 3-1)}}$$

$$= \sqrt{\frac{0.15584}{min(1,2)}} = \sqrt{\frac{0.15584}{1}} = \sqrt{0.15584} = 0.39476$$

Le *V* de Cramer vaut 0.39476, il est légèrement inférieur à 0.5, on peut en déduire que la liaison entre le sexe et le niveau de satisfaction sur la qualité du service client est faible.

Remarque : En général le *V* de Cramer est rarement supérieur à 0.4, cela rend l'intensité de la liaison pas évidente à interpréter dans l'absolu. Il est efficace lorsqu'on recherche, dans une liste de variables qualitatives, celles qui sont les plus liées.

Exercices

Exercice 1. On a relevé le nombre de prêts octroyés par les banques d'affaires (BA) et les banques de dépôts (BD) aux petites, moyennes et grandes entreprises (PE, ME, GE).

On obtient la table de contingence suivante :

X \ Y	PE	ME	GE
BA	41	59	54
BD	21	36	75

(a). Indiquer la population et les caractères étudiées.

(b). Compléter le tableau avec les effectifs marginaux et la taille de la population.

(c). En déduire les valeurs de n_{13}, n_{21}, n_{12}, n_{*1}, n_{2*} et n_{*3}, que signifient-t-elles ?

(d). Donner le tableau des profils-lignes.

(e). En déduire les valeurs de $f_{3/1}, f_{2/3}, f_{1/2}$, et $f_{1/3}$, que signifient-elles ?

(f). Représenter graphiquement les profils-lignes.

(g). Commenter le lien entre *X* et *Y* ?

Exercice 2. Un supermarché commercialise 3 types de produits A, B et C issus de 3 fournisseurs différents ($Fourn1$, $Fourn2$, $Fourn3$)

On obtient la table de contingence suivante :

X \ Y	$Fourn1$	$Fourn2$	$Fourn3$	$Total$
$Type\ A$	23		79	127
$Type\ B$		85		201
$Type\ C$	102		27	
$Total$		131	160	

(a). Indiquer la population et les caractères étudiés.

(b). Compléter le tableau et donner la taille de la population.

(c). Représenter graphiquement les profils-lignes ou les profils-colonnes. Commenter.

(d). Donner le tableau des effectifs théoriques et calculer le khi-deux.

(e). En déduire le phi-deux et le V de Cramer.

(f). Que pouvez-vous dire sur l'intensité du lien entre X et Y ?

Chapitre 6 : Une variable quantitative et une qualitative

L'analyse simultanée d'une variable qualitative et d'une variable quantitative consiste à étudier si la variable qualitative peut expliquer la variabilité de la variable quantitative. Si c'est le cas, alors on peut conclure à l'existence d'une liaison.

Pour cela, on s'appuiera également sur une représentation graphique et le calcul d'un indice de liaison appelé le rapport de corrélation.

1. Présentation des données

Soit deux variables X et Y observées sur une même population de taille n, nous avons :

- X, une variable qualitative possédant r modalités $(x_1, \cdots, x_j, \cdots, x_r)$
- Y, une variable quantitative de moyenne $\bar{y}$ et de variance S_Y^2.

La nature de X implique que la population est repartie en r échantillons ou sous-groupes appelés classes.

La j^{ème} classe ; noté C_j ; est formée par l'ensemble des individus présentant la j^{ème} modalité, sachant que chaque individu ne peut présenter qu'une et une seule modalité. Nous avons donc r classes $C_1, \cdots, C_j, \cdots, C_r$ d'effectifs totaux respectifs $n_1, \cdots, n_j, \cdots, n_r$.

$\forall\, i = \{1, \cdots, n_j\}$ et $j = \{1, \cdots, r\}$, y_{ij} est la valeur observée de l'individu i de C_j.

L'effectif total de la population est donc :

$$n = \sum_{j=1}^{r} n_j$$

Et $\forall\, j = \{1, \cdots, r\}$, nous définissons pour chaque C_j :

- La moyenne partielle

$$\bar{y}_j = \frac{1}{n_j} \sum_{i=1}^{n_j} y_{ij}$$

- Et la variance partielle

$$s_j^2 = \frac{1}{n_j} \sum_{i=1}^{n_j} \left(y_{ij} - \bar{y}_j\right)^2$$

Si la liaison entre X et Y est nulle, alors la variabilité de Y n'est aucunement expliquée par X, les moyennes $\bar{y}_1, \cdots, \bar{y}_j, \cdots, \bar{y}_r$ sont toutes identiques.

Enquête 6 : Un entrepreneur en bâtiment à Poli s'intéresse aux nombres d'accidents de travail par ouvrier survenus l'année dernière.

Il emploie 24 ouvriers exerçant comme carreleurs (Car), couvreurs (Cou) et maçons ($Maç$). Il aimerait savoir s'il existe un lien entre ces métiers et les accidents de travail, autrement dit si le nombre d'accidents de travail l'an dernier est élevé ou bas en fonction du métier choisi.

Soit la variable qualitative X et la variable quantitative Y, avec :

- X : « Les métiers des ouvriers » avec 3 modalités.
- Y : « Le nombre d'accidents de travail par ouvrier l'année dernière »

Les données sont présentées dans un tableau « simple » de n lignes et 2 colonnes pour les variables. Nous faisons ensuite ressortir les classes et leurs caractéristiques :

$Individus$	X	Y
1	$Maç$	5
2	Cou	3
3	Cou	6
4	$Maç$	2
5	Car	5
6	Cou	8
7	$Maç$	4
8	$Maç$	3
9	Car	2
10	Car	3
11	Cou	4
12	Cou	4
13	Car	1
14	$Maç$	3
15	$Maç$	2
16	Car	2
17	Cou	7
18	Car	4

19	Cou	5
20	$Maç$	6
21	$Maç$	5
22	Car	3
23	Cou	5
24	$Maç$	5

Nous avons donc 3 classes, C_1, C_2 et C_3 :

La 1ère classe C_1, constituée des ouvriers carreleurs

$$C_1 = \{y_{11}, y_{21}, y_{31}, y_{41}, y_{51}, y_{61}, y_{71}\}$$

$$C_1 = \{5, 2, 3, 1, 2, 4, 3\}.$$

Tableau 19: Tableau des observations

avec pour effectif total, moyenne et variance partielle respectivement égal à $n_1 = 7$, $\bar{y}_1 = 2.8571$, $s_1^2 = 1.5510$

La 2ème classe C_2 est constituée des ouvriers couvreurs

$$C_2 = \{y_{12}, y_{22}, y_{32}, y_{42}, y_{52}, y_{62}, y_{72}, y_{82}\}$$

$$C_2 = \{3, 6, 8, 4, 4, 7, 5, 5\}.$$

avec pour effectif total, moyenne et variance partielle respectivement égal à $n_2 = 8$, $\bar{y}_2 = 5.25$, $s_2^2 = 2.4375$

La 3ème classe C_3 est constituée des ouvriers maçons.

$$C_3 = \{y_{13}, y_{23}, y_{33}, y_{43}, y_{53}, y_{63}, y_{73}, y_{83}, y_{93}\}$$

$$C_3 = \{5, 2, 4, 3, 3, 2, 6, 5, 5\}$$

avec pour effectif total, moyenne et variance partielle

respectivement égal à $n_3 = 9$, $\bar{y}_3 = 3.8888$, $s_3^2 = 1.8765$

L'effectif total est $n = n_1 + n_2 + n_3 = 9 + 8 + 7 = 24$.

2. Représentation graphique

Lorsque l'on veut mettre en évidence le lien entre une variable qualitative et une variable quantitative, on réalise le graphique des boîtes à moustaches parallèles.

Il est constitué de deux axes perpendiculaires, l'axe des abscisses non gradué ; pour les modalités de X et l'axe des ordonnées ;gradué, pour les observations de Y.

Il se construit en juxtaposant r boîte à moustaches séparées par des espaces équidistants, et représentant les r échantillons ou classes définis par X.

La $j^{ème}$ boîte à moustaches est réalisée au niveau de la $j^{ème}$ modalité selon les mêmes principes que dans le cas quantitatif unidimensionnel.

En reprenant les données de l'**enquête 6**, nous avons le graphique suivant :

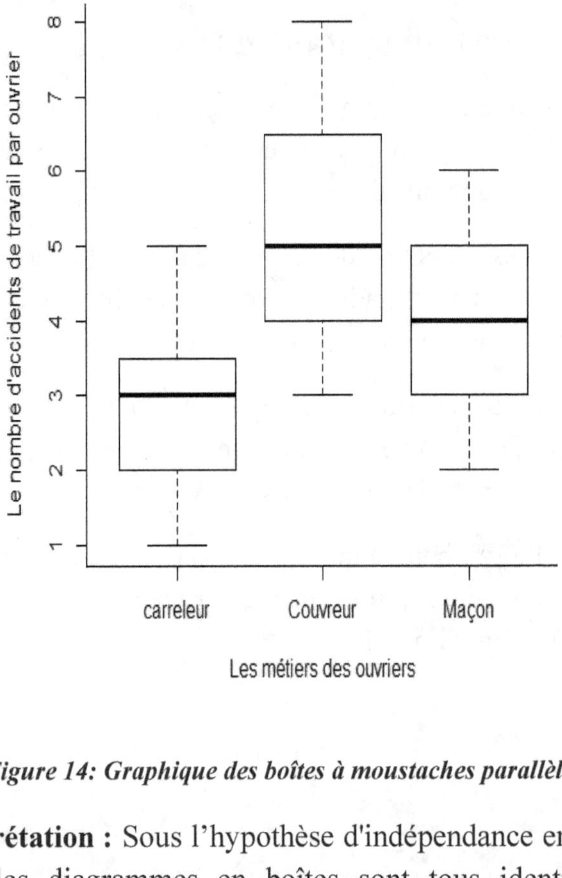

Figure 14: Graphique des boîtes à moustaches parallèles

Interprétation : Sous l'hypothèse d'indépendance entre *X* et *Y*, les diagrammes en boîtes sont tous identiques, autrement dit, quels que soient les échantillons définis par *X*, les valeurs extrêmes et les quartiles sont quasi-identiques. Dans le cas contraire, on peut conclure à l'existence d'une liaison.

Enquête 6 : Il est évident qu'il existe un lien entre le métier exercé et le nombre d'accidents par ouvrier, car les diagrammes en boîtes ne sont pas identiques. Nous allons maintenant le quantifier.

3. Indice de liaison

3.1. Variance totale

Soit la variable quantitative Y dont les valeurs $(y_1, \cdots, y_k, \cdots, y_n)$ sont observées sur n individus répartis dans r classes. La moyenne $\bar{y}$ et la variance S_Y^2 sont égales à :

$$\bar{y} = \frac{1}{n}\sum_{k=1}^{n} y_k = \frac{1}{n}\sum_{j=1}^{r}\sum_{i=1}^{n_j} y_{ij} = \frac{1}{n}\sum_{j=1}^{r} n_j \bar{y}_j$$

$$S_Y^2 = \frac{1}{n}\sum_{k=1}^{n} (y_k - \bar{y})^2 = \frac{1}{n}\sum_{j=1}^{r}\sum_{i=1}^{n_j} \left(y_{ij} - \bar{y}\right)^2$$

La variance S_Y^2 donne une idée de la variabilité des observations par rapport à la moyenne $\bar{y}$. Elle est la variance totale de la distribution.

En reprenant les données de l'**enquête 6**, nous avons :

$$\bar{y} = \frac{1}{n}\sum_{j=1}^{r} n_j \bar{y}_j = \frac{n_1\bar{y}_1 + n_2\bar{y}_2 + n_3\bar{y}_3}{n}$$

$$= \frac{7 \times 2.8571 + 8 \times 5.25 + 9 \times 3.8888}{24}$$

$$= 4.0416$$

Le nombre d'accidents de travail moyen par ouvrier est de 4.0416 soit environ 4 accidents.

$$S_Y^2 = \frac{1}{n}\sum_{j=1}^{r}\sum_{i=1}^{n_j}\left(y_{ij} - \bar{y}\right)^2$$

$$= \frac{1}{n}\left(\sum_{i=1}^{n_1}\left(y_{ij} - \bar{y}\right)^2 + \sum_{i=1}^{n_2}\left(y_{ij} - \bar{y}\right)^2 + \sum_{i=1}^{n_3}\left(y_{ij} - \bar{y}\right)^2\right)$$

$$= \frac{1}{n}\left(\sum_{i=1}^{n_1}(y_{i1} - \bar{y})^2 + \sum_{i=1}^{n_2}(y_{i1} - \bar{y})^2 + \sum_{i=1}^{n_3}(y_{i3} - \bar{y})^2\right)$$

$$= \frac{1}{24}\left(\sum_{i=1}^{9}(y_{i1} - \bar{y})^2 + \sum_{i=1}^{8}(y_{i2} - \bar{y})^2 + \sum_{i=1}^{7}(y_{i3} - \bar{y})^2\right)$$

Après calcul, la variance $S_Y^2 = 2.873264$, comme vu dans le cas unidimensionnel, la variance est un indicateur difficilement interprétable, pour avoir une idée de la variabilité de Y, on peut calculer l'écart-type S_Y.

3.2. Variance intra-classe

La variance intra-classe est la moyenne pondérée des r variances partielles $\left(s_j^2\right)_{1\le j\le r}$.

$$VarIntra = \frac{1}{n}\sum_{j=1}^{r} n_j\, s_j^2 = \frac{n_1 s_1^2 + \cdots + n_j s_j^2 + \cdots + n_r s_r^2}{n}$$

La variance intra-classe donne une idée de la variabilité à l'intérieur de chaque classe. Si elle est faible alors les données sont homogènes dans leurs classes respectives, plus précisément, les données de la j^{ème} classe seront concentrées autour de la moyenne $\bar{y}_j$ sinon[19] on considéra que les données sont hétérogènes à l'intérieur de chaque classe.

Remarque : La variance intra-classe est également appelée la variance résiduelle, notée S_R^2.

En reprenant les données de l'**enquête 6**, nous avons :

$$VarIntra = \frac{1}{n}\sum_{1}^{r} n_j\, s_j^2 = \frac{n_1 s_1^2 + n_2 s_2^2 + n_3 s_3^2}{n}$$

$$= \frac{7 \times 1.5510 + 8 \times 2.4375 + 9 \times 1.8765}{24}$$

$$\frac{10.857 + 19.5 + 16.8885}{24} = \frac{47.2455}{24} = 1.9685$$

La variance intra classe vaut 1.9685, elle semble assez élevée, ce qui implique que les observations à l'intérieur de chaque classe sont assez distinctes les unes des autres. Mais dans l'absolue la variance intra-classe « seule » est un indicateur difficilement interprétable.

[19] « Sinon » correspond à « Si la variance intra-classe est faible »

3.3. Variance interclasse

La variance interclasse est la variance pondérée des r les moyennes partielles $(\bar{y}_j)_{1\leq j\leq r}$.

$$VarInter = \frac{1}{n}\sum_{j=1}^{r} n_j(\bar{y}_j - \bar{y})^2 = \left[\frac{1}{n}\sum_{j=1}^{r} n_j\bar{y}_j^2\right] - (\bar{y})^2$$

La variance interclasse donne une idée de la variabilité entre les différentes classes, plus elle sera élevée plus la différence entre les classes sera forte.

Remarque : La variance interclasse est également appelée la variance expliquée, notée S_E^2.

En reprenant les données de l'**enquête 6**, nous avons :

$$VarInter = \frac{1}{n}\sum_{1}^{r} n_j(\bar{y}_j - \bar{y})^2$$

$$= \frac{n_1(\bar{y}_1 - \bar{y})^2 + n_2(\bar{y}_2 - \bar{y})^2 + n_3(\bar{y}_3 - \bar{y})^2}{n}$$

$$= (9 \times (3.8888 - 4.0416)\hat{}2 + 8 \times (5.25 - 4.0416)\hat{}2 + 7 \times (2.8571 - 4.0416)\hat{}2)/24$$

$$= \frac{9 \times (-0.1528)^2 + 8 \times (1.2084)^2 + 7 \times (-1.1845)^2}{24}$$

$$= \frac{9 \times 0.02334784 + 8 \times 1.460231 + 7 \times 1.40304}{24}$$

$$= \frac{0.2101306 + 11.68185 + 9.82128}{24} = \frac{21.71326}{24}$$
$$= 0.9047$$

La variance interclasse vaut 0.9047, elle semble faible, ce qui implique que les moyennes partielles sont assez proches les unes des autres, par conséquent la différence entre les classes semble être faible. Mais comme pour la variance intra classe, dans l'absolu La variance interclasse « seule » est un indicateur difficilement interprétable.

3.4. Théorème de la variance totale ou Formule de décomposition

Théorème : La variance totale est égale à la somme entre la variance interclasse et la variance intra-classe.

Formules de décomposition :

$$S_Y^2 = \frac{1}{n}\sum_{j=1}^{r} n_j(\bar{y}_j - \bar{y})^2 + \frac{1}{n}\sum_{j=1}^{r} n_j\, s_j^2 \; (S_Y^2 = S_E^2 + S_R^2)$$

Interprétation de la formule de décomposition :

La variance totale est égale à la variance interclasse plus ce qui reste (le résidu) de la variabilité de *Y*, correspondant à la variance intra-classe. Plus la variance interclasse sera grande par rapport à la variance intra-classe, plus *X* et *Y* seront liées et réciproquement.

En reprenant les données de l'**enquête 6**, nous avons :

La variance totale $S_Y^2 = S_E^2 + S_R^2 = 0.9047 + 1.9685 = 2.8732$, ce qui confirme bien le résultat trouvé dans la partie **3.1.**

Nous avons la variance interclasse plus petite que la variance intra-classe, on peut déjà supposer que le lien entre les métiers et le nombre d'accidents de travail par ouvrier est faible. Nous allons essayer de confirmer cela avec le calcul de l'indice de liaison.

3.5. Rapport de corrélation

Le rapport de corrélation[20] ; noté e^2 ; est le rapport entre la variance interclasse et la variance totale

$$e^2 = \frac{S_E^2}{S_Y^2} = \frac{S_E^2}{S_E^2 + S_R^2}$$

C'est un indice de liaison qui mesure la proportion de variabilité d'une variable quantitative Y expliquée parune variable qualitative X.

Propriétés :

- $0 \leq e^2 \leq 1$, plus le rapport de corrélation se rapproche de 1 plus X et Y sont liées.
- Le rapport de corrélation peut s'exprimer en pourcentage, $e^2(\%) = e^2 \times 100$, alors $0 \leq$

[20] Ici il s'agit du rapport de corrélation empirique, le rapport de corrélation théorique est noté η^2

$e^2(\%) \leq 100$, plus il se rapprochera de 100, plus X et Y seront liées, on aura donc le pourcentage de la part de variabilité de Y expliquée par X.

- Si $e^2 = 1$, alors $S_R^2 = 0$, la variabilité de Y est entièrement expliquée par X, il y a dépendance totale, la liaison est fonctionnelle.
- Si $e^2 = 0$, alors $S_E^2 = 0$, la variabilité de Y n'est aucunement expliquée par X, il y a indépendance totale, la liaison est nulle.

En reprenant les données de l'**enquête 6**, nous avons :

$$e^2 = \frac{S_E^2}{S_Y^2} = \frac{0.9047}{2.8732} = 0.3148$$

Donc les métiers expliquent juste 31.48% de la variabilité du nombre d'accidents de travail par ouvrier, ce qui confirme bien le fait que le lien est faible. Bien que ces métiers soient à risques, ils ne sont pas la cause principale de l'augmentation ou de la diminution du nombre d'accidents de travail survenus l'année dernière.

4. Les tests

La statistique descriptive bidimensionnelle permet d'étudier le lien entre deux variables. Elle s'appuie sur une représentation graphique et le calcul d'un indice de liaison. Cependant leurs interprétations ne sont pertinentes que s'ils résultent d'une enquête exhaustive, en pratique c'est rarement le cas. C'est pour cela que le plus souvent, on a recours aux méthodes de test pour déterminer si le lien entre les variables est significatif[21]. Il s'agit du test de coefficient de corrélation, du test de khi-deux et du test du rapport de corrélation. Seulement les méthodes de test dépendent largement de la théorie de probabilité, par conséquent elles n'entrent pas dans le cadre de la statistique descriptive.

Exercices

Exercice 1. Un éleveur relève le poids en Kilogramme (variable *Y*) des porcelets âgés d'une semaine dans quatre différents blocs (variable *X*) de sa ferme.

Soit les effectifs de porcelets dans les différents blocs $n_1 = 22, n_2 = 16, n_3 = 20, n_4 = 18$ et les valeurs :

$$\sum_{i=1}^{n_1} y_{i1} = 82.06 \sum_{i=1}^{n_2} y_{i2} = 64.78 \sum_{i=1}^{n_3} y_{i3} = 96.45 \sum_{i=1}^{n_4} y_{i4} = 90.16$$

$$\sum_{i=1}^{n_1} y_{i1}^2 = 311.7026 \sum_{i=1}^{n_2} y_{i2}^2 = 276.3866 \sum_{i=1}^{n_3} y_{i3}^2 = 477.8015 \sum_{i=1}^{n_4} y_{i4}^2 = 460.2460$$

[21] « Significatif » veut dire ici qu'il existe un lien entre les variables pour toute la population avec un risque **fixé** en général à 5% de se tromper.

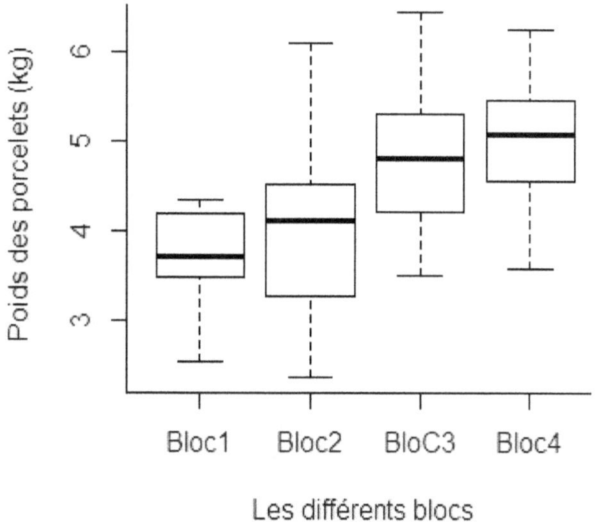

(a). Indiquer la population, sa taille et les caractères étudiés.

(b). Commenter le graphique.

(c). Calculer les moyennes partielles et en déduire la moyenne totale.

(d). Calculer les variances partielles.

(e). En déduire la variance interclasse et la variance intra-classe. Que représentent-elles ?

(f). Calculer le rapport de corrélation et commenter le lien entre le poids et les blocs.

Exercice 2. Dans un lycée, on observe le nombre de jours d'absences pour maladie sur 12 élèves. On obtient le tableau ci-après :

$Féminin$	3	4	5	4	2	5
$Masculin$	10	7	6	3	4	2

(a). Indiquer la population et les caractères étudiés.

(b). Représenter graphiquement cette série. Commenter.

(c). Calculer les moyennes et les variances dans chaque classe.

(d). Calculer les variances inter et intra-classes.

(e). Calculer le rapport de corrélation. Commenter

Partie III

Série chronologique et indice synthétiques

Dans cette partie, nous nous intéressons à une observation obtenue à des instants différents à partir d'un caractère quantitatif défini sur une population.

La particularité vient de l'introduction du temps dans le traitement des données, concrètement on étudie une série de couples (t, x_t) avec x_t la valeur observée à l'instant t.

L'unité de temps peut être l'heure ou le jour ou la semaine ou le mois ou le trimestre ou l'année, etc… On parle alors de données horaires ou quotidiennes ou hebdomadaires ou mensuelles ou trimestrielles ou annuelles, etc…

L'objectif étant de décrire, mesurer et prédire l'évolution du caractère étudiés au cours du temps.

Pour cela, nous nous initierons à l'analyse des séries chronologiques et ensuite nous expliciterons les indices synthétiques.

Chapitre 7 : Série chronologique (ou temporelle)

Une série chronologique est un ensemble d'observations numériques obtenues au cours d'un même processus aléatoire et ordonnées dans le temps (du passé vers le présent).

Elle se note $(X_t)_{t \in \Theta}$ ou plus généralement X_t.

L'ensemble Θ représente l'espace temps. Il peut être :

- Discret si $\Theta \subset \mathbb{N}$ (dans certain cas $\Theta \subset \mathbb{Z}$).
- Continu si $\Theta \subset \mathbb{R}$.

Dans ce cours, X_t sera toujours à temps discret avec :

- les unités de temps équidistantes.
- $\Theta = \{1, \cdots, t, \cdots, T\}$, un ensemble d'entiers consécutifs avec T le nombre total d'observations.

Nous avons alors x_t , l'observation obtenue à l'instant t c'est-à-dire à la t^{ème} unité de temps.

La série chronologique X_t peut être :

- Unidimensionnelle, alors $\forall\, t, x_t \in \mathbb{R}$. La série chronologique sera un ensemble de réels définit par :

$$X_t = \{x_1, \cdots, x_t, \cdots, x_T\}$$

- Multidimensionnelle, alors $\forall\, t, x_t \in \mathbb{R}^q$ avec $q \in \mathbb{N}$ et $q > 1$. La série chronologique sera un ensemble de vecteurs de $\mathbb{R}^q$.
    - Si $q = 2, \forall\, t, x_t \in \mathbb{R}^2$, X_t sera un ensemble de **couples**[22] de réels obtenus aux mêmes instants au cours de deux processus aléatoires différents :

$$X_t = \left\{\left(x_1^{(1)}, x_1^{(2)}\right), \cdots, \left(x_t^{(1)}, x_t^{(2)}\right), \cdots, \left(x_T^{(1)}, x_T^{(2)}\right)\right\}$$

    - Si $q = 3, \forall\, t, x_t \in \mathbb{R}^3$, X_t sera un ensemble de **triplets** de réels obtenus aux mêmes instants au cours de trois processus aléatoires différents :

$$X_t = \left\{\left(x_1^{(1)}, x_1^{(2)}, x_1^{(3)}\right), \cdots, \left(x_t^{(1)}, x_t^{(2)}, x_t^{(3)}\right), \cdots, \left(x_T^{(1)}, x_T^{(2)}, x_T^{(3)}\right)\right.$$

L'objectif d'une série chronologique est de pouvoir :

- Décrire le processus aléatoire au cours de la période de temps considérée.
- Donner les valeurs de la série aux instants $T + h$ avec $h \in \mathbb{N}^*$.

Dans ce cours, nous ne travaillerons qu'avec des séries chronologiques unidimensionnelles à temps discret.

---

[22] $x_t^{(1)}$ et $x_t^{(2)}$ sont respectivement la valeur de la série obtenue par le 1er processus aléatoire et celle obtenue par le 2ème processus aléatoire à l'instant t.

Enquête 7 : Nous nous intéressons à la récolte trimestrielle d'une palmeraie à Mbengwi sur une période de temps comprise entre 2014 et 2018. Nous avons donc une série chronologique X_t dont les valeurs sont présentées par deux tableaux équivalents :

	2014	**2015**	**2016**	**2017**	**2018**
***Trim* 1**	24.8	39.9	42.5	45	47.5
***Trim* 2**	32.7	31.8	39.3	43.2	44.3
***Trim* 3**	19.9	22.9	26.2	29.1	32.3
***Trim* 4**	17.8	20.5	23	31.1	29

Tableau 20: Tableau des observations selon les trimestres

t	x_t (*en tonnes*)
1	24.8
2	32.7
3	19.9
4	17.8
5	39.9
6	31.8
7	22.9
8	20.5
9	42.5
10	39.3
11	26.2
12	23
13	45
14	43.2
15	29.1

16	31.1
17	47.5
18	44.3
19	32.3
20	29

Tableau 21: Tableau des observations aux différents instants

- L'espace-temps $\Theta = \{1, 2, 3, 4, \cdots, 17, 18, 19, 20\}$
  - L'unité de temps est le trimestre.
  - $T = 20$, le nombre total d'observations.

- $x_3 = 19.9$, est l'observation à l'instant $t = 3$. Donc $19.9t$ de noix de palmes ont été récoltées au 3ème trimestre de la période de temps considérée. Cela correspond au 3ème trimestre de 2014.

- $x_{12} = 23$, est l'observation à l'instant $t = 12$. Donc $23t$ de noix de palmes ont été récoltées au 12ème trimestre de la période de temps considérée. Cela correspond au 4ème trimestre de 2016.

- $x_{18} = 44.3$, est l'observation à l'instant $t = 18$. Donc $44.3t$ de noix de palmes ont été récoltés au 18ème trimestre de la période de temps considérée. Cela correspond au 2ème trimestre de 2018.

1. Représentation graphique d'une série chronologique

Avant toute analyse, on doit toujours représenter graphiquement la série chronologique. Il existe principalement deux types de représentations : le graphique simple de la série et le graphique des courbes superposées.

L'objectif des représentations graphiques est de pouvoir décrire la série chronologique par ses différentes composantes afin de pouvoir la modéliser.

1.1. Graphique (simple) de la série

C'est un graphique qui représente les variations de X_t en fonction des instants t.

Il se construit en traçant dans un repère orthogonal les segments formés par les points (t, x_t) et $(t+1, x_{t+1})$.

Au final, on obtiendra la courbe d'évolution de X_t au cours du temps.

En reprenant les données de l'**enquête 7** nous avons :

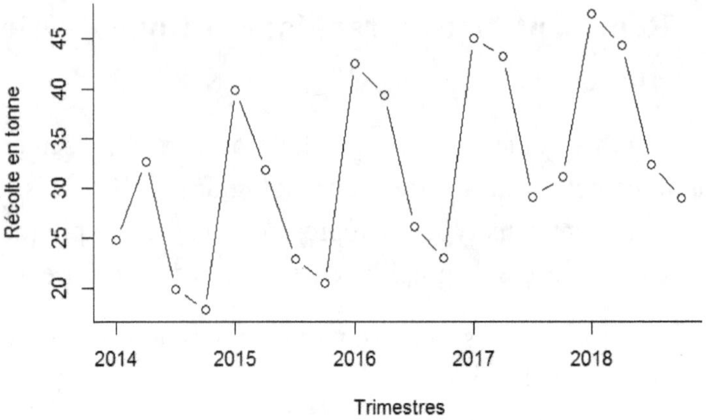

Figure 15: Courbe de l'évolution de la récolte entre 2014 et 2018

Commentaire : En observant le graphique, on remarque *à chaque année* :

- Que la récolte est toujours plus croissante.
- La présence d'un pic et d'un creux, ils indiquent la présence d'un effet saisonnier, il doit certainement avoir une période où la production de noix de palme est importante et une autre où elle chute.
- De légères différences observées sur la forme du graphique, elles indiquent de légers incidents imprévus survenus pendant la récolte.

1.2. Graphique des courbes superposées

C'est un graphique qui représente les variations de X_t saison après saison[23].

[23] Nous expliciterons le terme « saison » plus tard

Il se construit en traçant dans un même repère orthogonal les courbes d'évolution de X_t pour chaque saison.

En reprenant les données de l'**enquête 7** nous avons les courbes superposées :

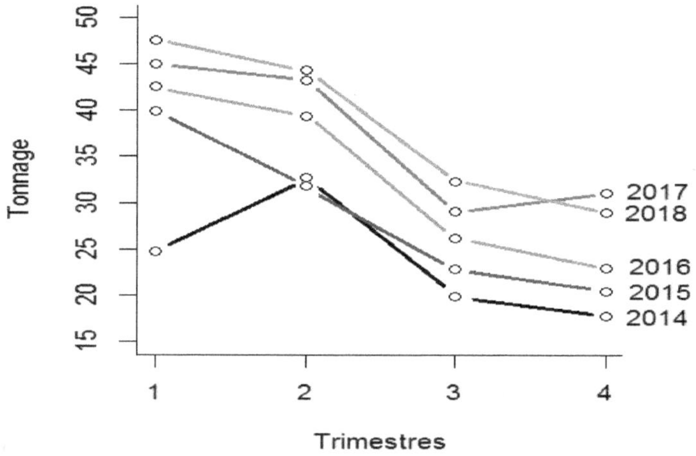

Figure 16: Graphique des courbes superposées

2. Description d'une série chronologique

2.1. Composantes d'une série chronologique

Une série chronologique est principalement constituée de trois composantes fondamentales que sont la tendance, la saisonnalité et le résidu.

2.1.1. Tendance ou composante tendancielle

La tendance ;notée D_t ; est une série de T observations $\{d_1, \cdots, d_t, \cdots, d_T\}$ représentant les valeurs de X_t sans l'influence de la composante saisonnière[24].

Elle est également appelée la variation à long terme de la série. On note d_t la valeur de la tendance à l'instant t. Graphiquement, elle correspond à la trajectoire de la série chronologique au cours du temps. Elle permet d'avoir une première description des variations observées. En reprenant les données de l'**enquête 7** nous avons :

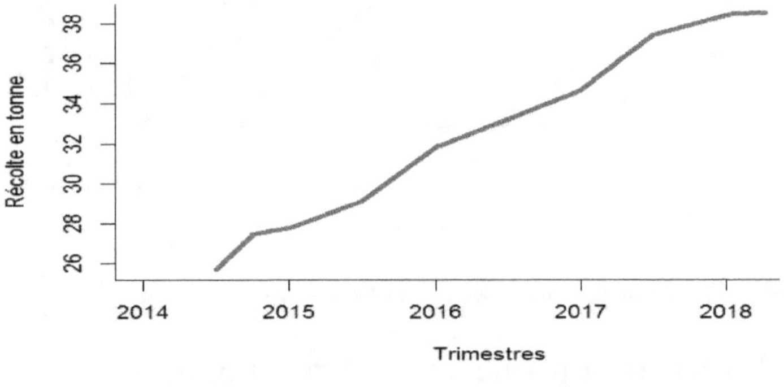

Figure 17: Tendance réalisée à l'aide des moyennes mobiles

Commentaire : En observant la tendance, nous confirmons la croissance constante de la récolte d'une année à une autre. Aucun incident majeur n'est à noter.

---

[24] Nous expliciterons l'expression « composante saisonnière » dans le point suivant.

2.1.2. Saisonnalité ou composante saisonnière

La saisonnalité; notée S_t; est une série de T observations $\{s_1, \cdots, s_t, \cdots, s_T\}$ représentant les valeurs d'un phénomène momentané se reproduisant régulièrement au cours du temps. On note s_t la variation ou le coefficient saisonnier à l'instant t.

La saisonnalité est de période p, par conséquent, la variation saisonnière à l'instant t est égale à la variation saisonnière à l'instant $t + p$.

$$s_t = s_{t+p}$$

Par conséquent X_t est constitué de n sous-séries appelées « saisons » et formées de p instants. Nous avons $T = n \times p \ (n, p \in \mathbb{N})$.

En pratique, si nous disposons de :

- données quotidiennes, les saisons correspondent aux semaines et $p = 7$ (7 jours),
- données mensuelles, les saisons correspondent aux années et $p = 12$ (12 mois),
- données trimestrielles, les saisons correspondent aux années et $p = 4$ (4 mois).

Graphiquement les variations saisonnières correspondent aux pics ou aux creux qui se répètent à chaque saison.

En reprenant les données de l'**enquête 7** nous avons :

- 5 saisons formées de 4 trimestres avec $T = n \times p = 5 \times 4 = 20$.
    - 1ère Saison (2014), avec les observations $\{24.8, 32.7, 19.9, 17.8\}$
    - 2ème Saison (2015), avec les observations $\{39.9, 31.8, 22.9, 20.5\}$
    - 3ème Saison (2016), avec les observations $\{42.5, 39.3, 26.2, 23\}$
    - 4ème Saison (2017), avec les observations $\{45, 43.2, 29.1, 31.1\}$
    - 5ème Saison (2018), avec les observations $\{47.5, 44.3, 32.3, 29\}$

Graphiquement la saisonnalité correspond aux points renforcés en bleu

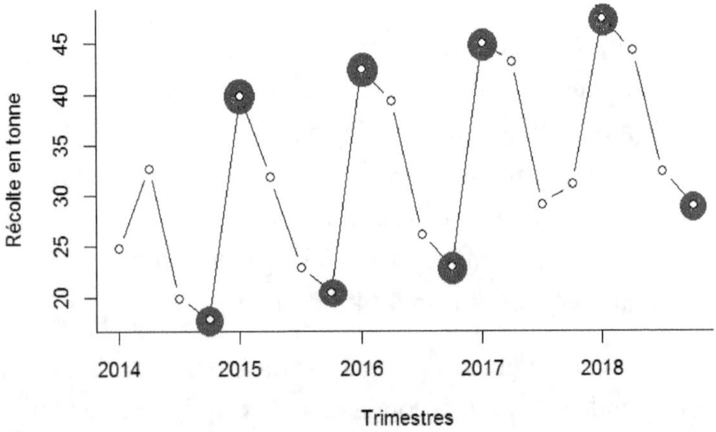

Figure 18:Variations saisonnières

La saisonnalité vérifie le principe de conservation des aires c'est-à-dire que les surfaces formées par les pics et les creux se compensent au cours d'une saison.

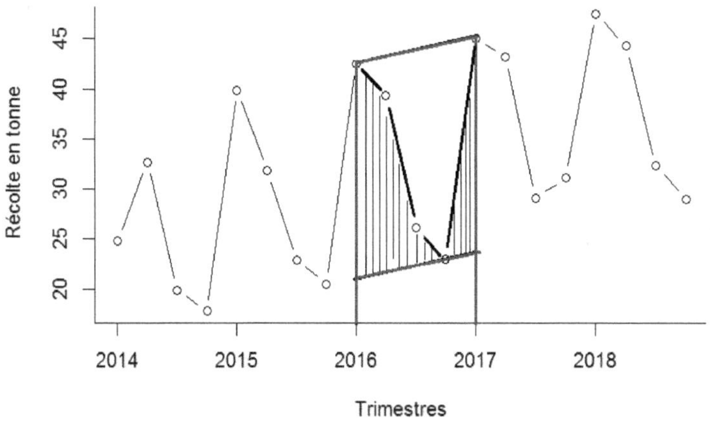

Figure 19: Principe de conservation des aires

En considérant la saison 2016, la surface hachurée verticalement est égale à la surface non hachurée.

2.1.3. Résidu ou composante résiduelle ou bruit

Le résidu ; noté R_t ; est une série de T observations $\{r_1, \cdots, r_t, \cdots, r_T\}$, représentant les valeurs d'un phénomène inhabituel de faible intensité se produisant aléatoirement au cours du temps. On note r_t la valeur du résidu à l'instant t.

Graphiquement ils correspondent aux légers pics ou creux qui empêchent la représentation d'une série chronologique d'être monotone à chaque saison.

En reprenant les données de l'**enquête 7** nous avons :

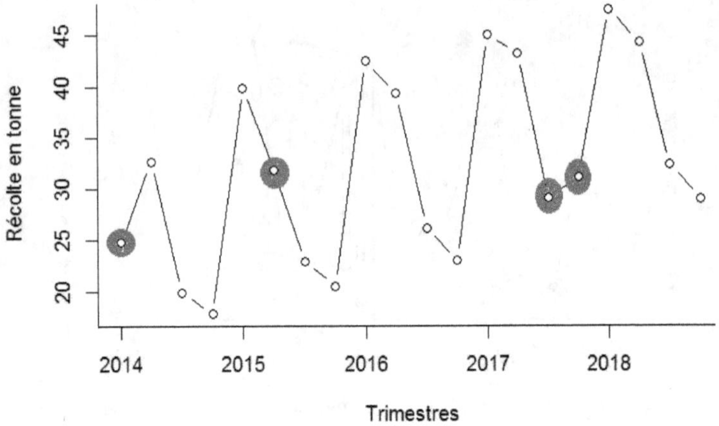

Figure 20:Résidus

Remarques : La tendance et la saisonnalité sont des composantes déterministes, contrairement au résidu qui est une composante aléatoire. Ils peuvent s'écrire plus explicitement en fonction des saisons. Nous avons alors :

- $d_{i,j}$ la valeur de la tendance à la saison i à l'instant j.
- s_j la valeur de la saisonnalité à l'instant j quelque soit la saison.
- $r_{i,j}$ la valeur du résidu à la saison i à l'instant j.

Avec $1 \leq i \leq n$; $1 \leq j \leq p$ et $t = (i-1)p + j$.

Toutefois pour décrire une série chronologique, on pourrait envisager deux autres composantes à savoir la composante accidentelle et la composante cyclique.

2.2. Modélisation d'une série chronologique

Modéliser une série chronologique consiste à écrire chaque observation x_t comme une fonction des différentes composantes.

$$x_t = f(d_t\,, s_t\,, \varepsilon_t)$$

Nous verrons uniquement dans ce cours les modèles dit déterministes, car ils sont principalement basés sur la détermination de la tendance et de la saisonnalité.

NB : On précise qu'aucune hypothèse de type probabiliste n'est admise sur les résidus.

2.2.1. Modèle additif

Le modèle de décomposition additive est donné par :

$$\forall\, t \in \{1, 2, \cdots, T\}, x_t = d_t + s_t + \varepsilon_t$$

Plus explicitement :

$$\forall\, i, j;\ x_{i,j} = d_{i,j} + s_j + \varepsilon_{i,j}$$

Dans ce cas les composantes sont supposées indépendantes les unes des autres.

Proposition : Si X_t suit le modèle additif et ses variations saisonnières de période p, le principe de conservation des aires implique pour chaque saison que :

$$\frac{1}{p}\sum_{j=1}^{p} s_j = 0$$

2.2.2. Modèle multiplicatif

Le modèle de décomposition multiplicative est donné par :

$$\forall\, t \in \{1, 2, \cdots, T\}, x_t = d_t \cdot s_t \cdot \varepsilon_t$$

Plus explicitement :

$$\forall\, i, j;\ x_{i,j} = d_{i,j} \cdot s_j \cdot \varepsilon_{i,j}$$

Dans ce cas les composantes sont supposées dépendantes les unes des autres.

Proposition : Si X_t suit le modèle multiplicatif et ses variations saisonnières de période p, le principe de conservation des aires implique pour chaque saison que :

$$\frac{1}{p}\sum_{j=1}^{p} s_j = 1$$

3. Détermination du modèle d'une série chronologique

3.1. Méthode graphique

3.1.1. Méthode de la bande

La méthode de la bande consiste à tracer sur le graphique de la série une droite passant par deux minima et une autre passant par deux maxima. Si les droites sont parallèles (quasi parallèles), alors le modèle est additif sinon il est multiplicatif.

En reprenant les données de l'**enquête 7** nous avons :

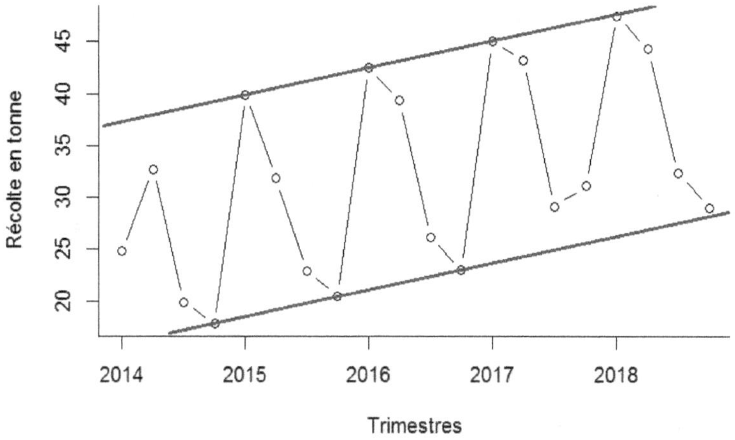

Figure 21: Méthode de la bande

Interprétation : Nous remarquons que la droite passant par les minimas est parallèle à celle passant par les maximas, nous pouvons déjà penser que le modèle est additif.

3.1.2. Méthode du profil

La méthode du profil consiste à observer le graphique des courbes superposées. Si les courbes sont parallèles (quasi parallèles), alors le modèle est additif sinon il est multiplicatif.

En observant, les courbes superposées des données de l'**enquête 7**, nous remarquons qu'elles sont quasi toutes parallèles, ce qui confirme bien que le modèle est additif.

3.2. Méthode analytique (tableau de Buys et Ballot)

On considère les n saisons formées de p instants. Pour chaque saison i, on calcule la moyenne $\bar{x}_i$ et l'écart-type σ_i. Ensuite par les méthodes des « moindres carrés », on détermine la droite d'équation :

$$\sigma = a\bar{X} + b$$

Si la pente $a = 0$ (ou quasi nulle), alors les écart-types sont indépendants des moyennes à chaque saison, le modèle est additif sinon il est multiplicatif.

En reprenant les données de l'**enquête 7** :

- Soit nos 5 saisons formées de 4 trimestres,
  - 1ère Saison (2014), nous avons $\bar{x}_1 = 23.8$ et $\sigma_1 = 5.73192$
  - 2ème Saison (2015), nous avons $\bar{x}_2 = 28.775$ et $\sigma_2 = 7.67964$
  - 3ème Saison (2016), nous avons $\bar{x}_3 = 32.75$ et $\sigma_3 = 8.30557$
  - 4ème Saison (2017), nous avons $\bar{x}_4 = 37.1$ et $\sigma_4 = 7.06434$
  - 5ème Saison (2018), nous avons $\bar{x}_5 = 38.275$ et $\sigma_5 = 7.79627$

On note :

- $m = \{23.8, 28.775, 32.75, 37.1, 38.275\}$, la variable des moyennes
- $s = \{5.73192, 7.67964, 8.30557, 7.06434, 7.79627\}$, la variable des écart-types

Nous calculons la pente a de la droite $\sigma = a\bar{X} + b$

$$a = \frac{Cov(m, s)}{Var(m)} = \frac{2.85788}{28.69815} = 0.09958$$

Nous avons la pente a quasi-nulle, donc les écart-types sont indépendants des moyennes à chaque saison, ce qui confirme bien que le modèle est additif.

Remarque : Pour déterminer si une série chronologique se décompose de façon additive ou multiplicative, il est recommandé d'utiliser simultanément les trois méthodes.

4. Analyse des composantes de la série chronologique

Après avoir trouvé un modèle pour X_t, l'étape suivante consiste analyser les composantes de la série en estimant la tendance et les coefficients saisonniers aux différents instants t.

4.1. Estimation de la tendance

4.1.1. Estimation paramétrique

L'estimation paramétrique consiste à définir la tendance par une fonction possédant des paramètres qu'on devra déterminer.

La forme paramétrique la plus simple consiste à considérer que la tendance est linéaire. On commence par vérifier qu'il existe un lien linéaire entre la série X_t et l'espace temps Θ, ensuite on en déduit la droite de régression qui correspond à $d_t = b_0 + b_1 t$.

Les paramètres b_0 et b_1 se déterminent par la méthode des « moindres carrés ».

Au final nous aurons $\hat{d}_t = \hat{b}_0 + \hat{b}_1 t$, les valeurs estimées de la tendance à l'instant t avec $\hat{b}_0$ et $\hat{b}_1$ les valeurs estimées des paramètres b_0 et b_1.

De manière générale, on peut considérer que la tendance à une forme polynomiale d'ordre q et s'écrit sous la forme $d_t = b_0 + b_1 t + b_2 t^2 + \cdots + b_q t^q$. Les paramètres $b_0, b_1, \cdots, b_q$ se déterminent par la méthode des « moindres carrés ».

4.1.2. Estimation non paramétrique

L'estimation non paramétrique de la tendance consiste à « lisser » la série par les moyennes mobiles.

Lisser la série pour estimer la tendance consiste à filtrer (supprimer) la saisonnalité. La moyenne mobile d'ordre l à l'instant t ; notée m_t; est la moyenne arithmétique des :

- l observations centrées autour de l'instant t, si l est impair ($l = 2k + 1$) :

$$m_t = \frac{x_{t-k} + x_{t-k+1} + \cdots + x_{t-1} + x_t + x_{t+1} + \cdots + x_{t+k-1} + x_{t+k}}{l}$$

- $l + 1$ observations centrées autour de l'instant t, si l est pair ($l = 2k$) :

$$m_t = \frac{0.5x_{t-k} + x_{t-k+1} + \cdots + x_{t-1} + x_t + x_{t+1} + \cdots + x_{t+k-1} + 0.5x_{t+k}}{l}$$

avec la première et la dernière observations pondérées par 0.5.

Soit $\hat{d}_t$ la valeur estimée de la tendance à l'instant t, nous aurons donc $\hat{d}_t = m_t$.

Théorème : Lorsque l'on veut estimer la tendance en lissant une série chronologique soumise à des variations saisonnières de période p, on calcule les moyennes mobiles d'ordre $l = p$.

Attention : Si $l \neq p$, les variations saisonnières ne seront pas nécessairement éliminées.

En reprenant les données de l'**enquête 7**, nous calculons les moyennes mobiles m_3, m_7 et m_{12} d'ordre 4,

$$m_3 = \frac{0.5x_{3-2} + x_{3-1} + x_3 + x_{3+1} + 0.5x_{3+2}}{4}$$

$$= \frac{0.5x_1 + x_2 + x_3 + x_4 + 0.5x_5}{4}$$

$$m_3 = \frac{0.5 * 24.8 + 32.7 + 19.9 + 17.8 + 0.5 * 39.9}{4}$$

$$= \frac{102.75}{4}$$

$$m_3 = 25.6875$$

$$m_7 = \frac{0.5x_{7-2} + x_{7-1} + x_7 + x_{7+1} + 0.5x_{7+2}}{4}$$

$$= \frac{0.5x_5 + x_6 + x_7 + x_8 + 0.5x_9}{4}$$

$$m_7 = \frac{0.5 * 39.9 + 31.8 + 22.9 + 20.5 + 0.5 * 42.5}{4}$$

$$= \frac{116.4}{4}$$

$$m_7 = 29.1$$

$$m_{12} = \frac{0.5x_{12-2} + x_{12-1} + x_{12} + x_{12+1} + 0.5x_{12+2}}{4}$$

$$= \frac{0.5x_{10} + x_{11} + x_{12} + x_{13} + 0.5x_{14}}{4}$$

$$m_{12} = \frac{0.5 * 39.3 + 26.2 + 23 + 45 + 0.5 * 43.2}{4}$$

$$= \frac{135.45}{4}$$

$$m_{12} = 33.8625$$

En généralisant, nous avons le tableau ci-dessous :

t	x_t	m_t
1	24.8	×
2	32.7	×
3	19.9	25.6875
4	17.8	27.4625
5	39.9	27.7250
6	31.8	28.4375
7	22.9	29.1
8	20.5	30.3625
9	42.5	31.7125
10	39.3	32.4375
11	26.2	33.0625
12	23	33.8625
13	45	34.7125
14	43.2	36.0875
15	29.1	37.4125
16	31.1	37.8625
17	47.5	38.4
18	44.3	38.5375
19	32.3	×
20	29	×

Tableau 22 : Moyennes mobiles d'ordre 4

Remarque : Les moyennes mobiles permettent de représenter la trajectoire d'une série chronologique[25]. Elles

[25] Voir figure 16

ont pour inconvénient de ne pas être définies ni au début ni à la fin de la série, concrètement, elles ne peuvent être calculées que pour $t \in]k\,;\,T-k+1[$.

Le lissage par moyennes mobiles est particulièrement efficace lorsque la tendance est sensiblement linéaire. Il ne dépend pas du modèle choisi.

Les deux méthodes d'estimation de la tendance peuvent être utilisées de manière autonome ou complémentaire :

- Si une liaison existe entre les m_t et les instants t, plus concrètement si les m_t peuvent s'écrire comme une fonction de t, alors on estime d_t par cette fonction.
- Si aucune liaison n'est visible, on estime d_t par les moyennes mobiles m_t.

En reprenant les données de l'**enquête 7**, la trajectoire de la série par les moyennes mobiles se rapproche d'une droite. Nous décidons de considérer que la tendance est linéaire.

Soit $mm = \{25.6875, 27.4625, 27.7250, \cdots, 37.8625, 38.4, 38.5375\}$, la variable des moyennes mobiles définies de la série et $t = \{3, 4, 5, \cdots, 16, 17, 18\}$, la variable des instants correspondant aux moyennes mobiles définies.

Nous avons $Corr(t, mm) = 0.99572$, ce qui confirme bien l'existence d'une liaison linéaire quasifonctionnelle entre les m_t et les instants t. Nous pouvons donc déduire la droite :

$$m_t = at + b$$

Par la méthode des moindres carrées, les estimations de a et b donnent :

$$\hat{a} = 0.88965 \; et \; \hat{b} = 23.33757$$

Donc $m_t = 0.88965t + 23.33757$; Nous donc $\hat{d}_t$=m_t

Calculons $\hat{d}_1$, $\hat{d}_8$ et $\hat{d}_{16}$:

$$\hat{d}_1 = 0.88965 * 1 + 23.33757 = 24.22722$$

$$\hat{d}_8 = 0.88965 * 8 + 23.33757 = 30.45477$$

$$\hat{d}_{16} = 0.88965 * 16 + 23.33757 = 37.57197$$

En généralisant, nous avons le tableau ci-dessous :

t	x_t	$\hat{d}_t$
1	24.8	24.22722
2	32.7	25.11687
3	19.9	26.00652
4	17.8	26.89617
5	39.9	27.78582
6	31.8	28.67547
7	22.9	29.56512
8	20.5	30.454772
9	42.5	32.23407
10	39.3	33.12372
11	26.2	34.01337
12	23	34.01337
13	45	34.90302
14	43.2	35.79267
15	29.1	36.68232
16	31.1	37.57197
17	47.5	38.46162
18	44.3	39.35127
19	32.3	40.24092
20	29	41.13057

Tableau 23: Tendance paramétrique

4.2. Estimation de la saisonnalité

La saisonnalité étant périodique, nous n'aurons qu'à estimer les p coefficients saisonniers d'une saison.

4.2.1. Estimation paramétrique

L'estimation paramétrique consiste à définir la saisonnalité par une fonction possédant des paramètres qu'on devra déterminer.

La forme paramétrique la plus simple consiste à estimer la saisonnalité par :

$$s_j = b_0 + b_1 cos\left(\frac{2\pi j}{p}\right) + b_2 sin\left(\frac{2\pi j}{p}\right)$$

Les paramètres b_0, b_1 et b_2 sont estimés par la méthode des « moindres carrés ».

Au final nous aurons $\hat{s}_j = \hat{b}_0 + \hat{b}_1 cos\left(\frac{2\pi j}{p}\right) + \hat{b}_2 sin\left(\frac{2\pi j}{p}\right)$, les valeurs estimées des coefficients saisonniers.

4.2.2. Estimation non paramétrique

L'estimation non paramétrique des coefficients saisonniers se fait en trois étapes en fonction du modèle choisi.

4.2.2.1. Modèle additif

Nous commençons par calculer les valeurs de la série supprimée de la tendance notées $s_{i,j}$:

$$s_{i,j} = x_{i,j} - \hat{d}_{i,j}$$

Ensuite, nous calculons les p coefficients saisonniers estimés notés $\tilde{s}_j$

$$\tilde{s}_j = \frac{1}{n}\sum_{i=1}^{n} s_{i,j} = \frac{1}{n}\sum_{i=1}^{n}(x_{i,j} - \hat{d}_{i,j})$$

Et enfin, nous ajustons les coefficients saisonniers estimés afin de respecter le principe de conservation des aires. Nous obtiendrons alors des valeurs notées $\hat{s}_j$.

$$\hat{s}_j = \tilde{s}_j - \bar{S} = \tilde{s}_j - \frac{1}{p}\sum_{j=1}^{p} \tilde{s}_j$$

Au final nous retiendrons les p coefficients de variations ajustées $\hat{s}_j$ comme les estimations des coefficients saisonniers.

4.2.2.2. Modèle multiplicatif

Nous commençons par calculer la série des valeurs supprimées de la tendance :

$$s_{i,j} = \frac{x_{i,j}}{\hat{d}_{i,j}}$$

Ensuite, nous calculons les p coefficients saisonniers estimés notés $\tilde{s}_j$:

$$\tilde{s}_j = \frac{1}{n}\sum_{i=1}^{n} s_{i,j} = \frac{1}{n}\sum_{i=1}^{n}\frac{x_{i,j}}{\hat{d}_{i,j}}$$

Et enfin, nous ajustons les coefficients saisonniers estimés afin de respecter le principe de conservation des aires. Nous obtiendrons alors des valeurs notées $\hat{s}_j$.

$$\hat{s}_j = \frac{\tilde{s}_j}{\bar{\tilde{S}}} = \frac{\tilde{s}_j}{\frac{1}{p}\sum_{j=1}^{p} \tilde{s}_j}$$

Au final nous retiendrons les p coefficients de variations ajustées $\hat{s}_j$ comme les estimations des coefficients saisonniers.

En reprenant les données de l'**enquête 7**, nous allons estimer la saisonnalité à l'aide de la tendance estimée par la méthode paramétrique et non paramétrique combinée.

Nous calculons la série des valeurs supprimées de la tendance $s_{i,j}$:

	2014	**2015**	**2016**	**2017**	**2018**
Trim	0.57278	12.1141	11.1555	10.0969	9.03838
Trim	7.58313	3.12453	7.06593	7.40733	4.94873
Trim	−6.1065	−6.6651	−6.9237	−7.5823	−7.9409
Trim	−9.0961	−9.9547	−11.013	−6.4719	−12.130

Tableau 24:Série des valeurs supprimées de la tendance

Après avoir calculé la série des valeurs supprimées de la tendance, nous estimons nos 4 coefficients saisonniers

$$\tilde{s}_1 = \frac{1}{5}\sum_{i=1}^{5} s_{i,1} = \frac{s_{1,1} + s_{2,1} + s_{3,1} + s_{4,1} + s_{5,1}}{5}$$

$$\tilde{s}_1 = \frac{0.57278 + 12.11418 + 11.15558 + 10.09698 + 9.03838}{5}$$

$$\tilde{s}_1 = \frac{42.9779}{5} = 8.59558$$

$\tilde{s}_1$ correspond à la moyenne des valeurs supprimées de la tendance des 1ers trimestres de chaque année.

$$\tilde{s}_3 = \frac{1}{5}\sum_{i=1}^{5} s_{i,3} = \frac{s_{1,3} + s_{2,3} + s_{3,3} + s_{4,3} + s_{5,3}}{5}$$

$$\tilde{s}_3 = \frac{-6.10652 - 6.66512 - 6.92372 - 7.58232 - 7.94092}{5}$$

$$\tilde{s}_3 = \frac{-35.2186}{5} = -7.04372$$

$\tilde{s}_3$ Correspond à la moyenne des valeurs supprimées de la tendance des 3èmes trimestres de chaque année.

Nous calculons la moyenne des coefficients estimés $\bar{S}$:

$$\bar{S} = \frac{1}{P}\sum_{j=1}^{P} \tilde{s}_j = \frac{\tilde{s}_1 + \tilde{s}_2 + \tilde{s}_3 + \tilde{s}_4}{4} = \frac{8.59558 + 6.02593 - 7.04372 - 9.73337}{4}$$

$$\bar{S} = \frac{-2.15558}{4} = -0.538895$$

Nous ajustons nos coefficients saisonniers, afin de respecter le principe de conservation des aires :

$$\hat{s}_1 = \tilde{s}_1 - \bar{S} = 8.59558 - (-0.538895) = 9.134475$$

$$\hat{s}_2 = \tilde{s}_2 - \bar{S} = 6.02593 - (-0.538895) = 6.564825$$

$$\hat{s}_3 = \tilde{s}_3 - \bar{S} = -7.04372 - (-0.538895) = -6.504825$$

$$\hat{s}_4 = \tilde{s}_4 - \bar{S} = -9.73337 - (-0.538895) = -9.194475$$

t	x_t	$s_{i,j}$	$\tilde{s}_j$	$\hat{s}_j$
1	24.8	0.57278	8.59558	9.134475
2	32.7	7.58313	6.02593	6.564825
3	19.9	−6.10652	−7.04372	−6.504825
4	17.8	−9.09617	−9.73337	−9.194475
5	39.9	12.11418	8.59558	9.134475
6	31.8	3.12453	6.02593	6.564825
7	22.9	−6.66512	−7.04372	−6.504825
8	20.5	−9.95477	−9.73337	−9.194475
9	42.5	11.15558	8.59558	9.134475
10	39.3	7.06593	6.02593	6.564825
11	26.2	−6.92372	−7.04372	−6.504825
12	23	−11.01337	−9.73337	−9.194475
13	45	10.09698	8.59558	9.134475
14	43.2	7.40733	6.02593	6.564825
15	29.1	−7.58232	−7.04372	−6.504825
16	31.1	−6.47197	−9.73337	−9.194475
17	47.5	9.03838	8.59558	9.134475

18	44.3	4.94873	6.02593	6.564825
19	32.3	−7.94092	−7.04372	−6.504825
20	29	−12.13057	−9.73337	−9.194475

Tableau 25: Coefficients saisonniers

Remarque : Si les tendances étaient estimées uniquement avec les moyennes mobiles, il est toujours possible de calculer les coefficients saisonniers, il faudra juste remplacer par zéro, les valeurs ou les moyennes mobiles ne sont pas définies.

4.3. Détermination des résidus

Soit $\hat{X}_t$, la série ajustée de X_t qui correspond à la série chronologique des valeurs estimées (ou ajustées) de x_t.

Nous avons $\hat{x}_t$ la valeur estimée de x_t à l'instant t, définie par :

$$\hat{x}_t = \hat{d}_t + \hat{s}_t \; ou \; \hat{x}_{i,j} = \hat{d}_{i,j} + \hat{s}_j \; (Modèle \; additif)$$

$$\hat{x}_t = \hat{d}_t \cdot \hat{s}_t \; ou \; \hat{x}_{i,j} = \hat{d}_{i,j} \cdot \hat{s}_j \; (Modèle \; multiplicatif)$$

Les valeurs des résidus r_t sont égales :

- à l'écart entre les valeurs observées et les valeurs estimées si le modèle est additif

$$r_t = x_t - \hat{x}_t = x_t - \hat{d}_t - \hat{s}_t$$

- au produit entre les valeurs observées et les valeurs estimées si le modèle est multiplicatif

$$r_t = \frac{x_t}{\hat{x}_t} = \frac{x_t}{\hat{d}_t \cdot \hat{s}_t}$$

En reprenant les données de l'**enquête 7**, nous allons déterminer les résidus :

t	x_t	$\hat{d}_t$	$\hat{s}_j$	$\hat{x}_t$	r_t
1	24.8	24.22722	9.134475	33.36169	−8.561695
2	32.7	25.11687	6.564825	31.68169	1.018305
3	19.9	26.00652	−6.504825	19.50169	0.398305
4	17.8	26.89617	−9.194475	17.70169	0.098305
5	39.9	27.78582	9.134475	36.92030	2.979705
6	31.8	28.67547	6.564825	35.24030	−3.440295
7	22.9	29.56512	−6.504825	23.06029	−0.160295
8	20.5	30.454772	−9.194475	21.26029	−0.760295
9	42.5	32.23407	9.134475	40.47890	2.021105
10	39.3	33.12372	6.564825	38.79890	0.501105
11	26.2	34.01337	−6.504825	26.61889	−0.418895
12	23	34.01337	−9.194475	24.81890	−1.818895
13	45	34.90302	9.134475	44.03749	0.962505
14	43.2	35.79267	6.564825	42.35750	0.842505
15	29.1	36.68232	−6.504825	30.17750	−1.077495
16	31.1	37.57197	−9.194475	28.37749	2.722505
17	47.5	38.46162	9.134475	47.59609	−0.096095
18	44.3	39.35127	6.564825	45.91609	−1.616095
19	32.3	40.24092	−6.504825	33.73610	−1.436095
20	29	41.13057	−9.194475	31.93609	−2.936095

Tableau 26:Valeurs ajustée et résidus

En exemple, nous allons déterminer la valeur du résidu à l'instant $t = 12$.

- Nous calculons l'observation estimée à l'instant $t = 12$.

$$\hat{x}_{12} = \hat{d}_{12} + \hat{s}_{12} = 34.01337 + (-9.194475) = 24.81890$$

- Nous déduisons la valeur du résidu à l'instant $t = 12$.

$$r_{12} = x_{12} - \hat{x}_{12} = 23 - 24.81890 = -1.818895$$

Remarque : Les résidus ne sont pas estimés.

Nous représentons le graphique des valeurs estimées

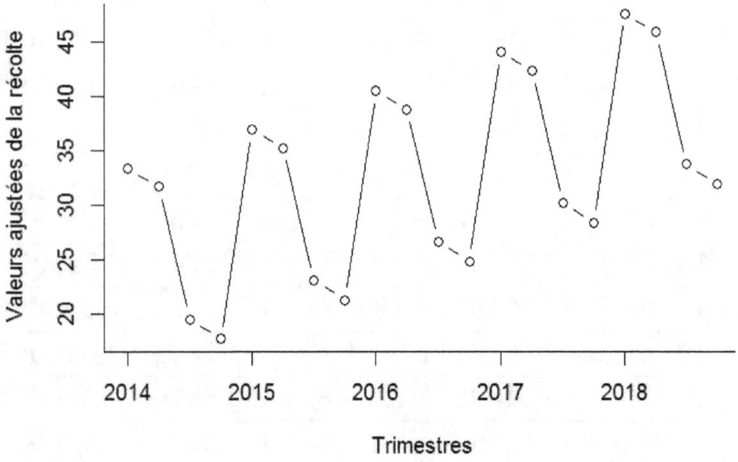

Figure 22:Graphique des valeurs ajustées

5. Série corrigée des variations saisonnières (série c.v.s)

La série corrigée des variations saisonnières est la série ou les variations saisonnières estimées sont retranchées.

Elle se note $\left(X_{CVS,t}\right)_{t\in\Theta}$ ou plus généralement $X_{CVS,t}$

Nous avons donc :

$$X_{CVS,t} = X_t - \hat{S}_t \ (Modèle\ additif)$$

avec $x_{CVS,t} = x_t - \hat{s}_t$, la valeur de la série corrigée des variations saisonnières à l'instant t.

$$ou\ X_{CVS,t} = \frac{X_t}{\hat{S}_t} \ (Modèle\ multiplicatif)$$

avec $x_{CVS,t} = \frac{x_t}{\hat{s}_t}$, la valeur de la série corrigée des variations saisonnières à l'instant t.

$X_{CVS,t}$ est considérée comme une estimation plus lisse de la tendance. Elle est souvent préférée lorsque l'on veut décrire les variations d'une série chronologique.

En reprenant les données de l'**enquête 7**, nous allons déterminer les valeurs corrigées des variations saisonnières :

t	x_t	$\hat{s}_j$	$x_{CVS,t}$
1	24.8	9.134475	15.66553
2	32.7	6.564825	26.13518
3	19.9	−6.504825	26.40482
4	17.8	−9.194475	26.99448
5	39.9	9.134475	30.76552
6	31.8	6.564825	25.23518
7	22.9	−6.504825	29.40482
8	20.5	−9.194475	29.69448
9	42.5	9.134475	33.36552
10	39.3	6.564825	32.73517
11	26.2	−6.504825	32.70482
12	23	−9.194475	32.19447
13	45	9.134475	35.86552
14	43.2	6.564825	36.63518
15	29.1	−6.504825	35.60483
16	31.1	−9.194475	40.29448
17	47.5	9.134475	38.36552
18	44.3	6.564825	37.73517
19	32.3	−6.504825	38.80482
20	29	−9.194475	38.19447

Tableau 27:Valeurs corrigées des variations saisonnières

6. Prédiction

La prédiction des valeurs des futurs est un des principaux objectifs de la modélisation d'une série chronologique.

Elle est possible grâce à la série ajustée $\hat{X}_t$ sous la condition que l'estimation de la tendance soit faite de manière paramétrique.

Si la tendance est linéaire, nous aurons $d_t = at + b$ avec $\hat{d}_t = \hat{a}t + \hat{b}$, les valeurs estimées de la tendance à l'instant t.

Si l'on veut prédire $\hat{x}_{T+h}$ la valeur de la série à l'instant $T + h$ avec $h \geq 1$, on aura :

$$\hat{x}_{T+h} = \hat{d}_{T+h} + \hat{s}_{T+h} = \hat{a}(T+h) + \hat{b} + \hat{s}_{T+h-p} \ (Modèle\ additif)$$

$$ou\ \hat{x}_{T+h} = \hat{d}_{T+h} \cdot \hat{s}_{T+h} = \left(\hat{a}(T+h) + \hat{b}\right) \cdot \hat{s}_{T+h-p} \ (Modèle\ multiplicatif)$$

$\hat{x}_{T+h}$ est également appelée la valeur prédite de la série à l'horizon h.

Pour une prédiction plus précise, il serait intéressant d'estimer l'erreur de prédiction $\hat{r}_{T+h}$ (cas non traité).

En reprenant les données de l'**enquête 7**, nous allons prédire les valeurs de la série à l'horizon $h = 4$ et $h = 10$.

Nous estimons la tendance à l'horizon $h = 4$ et $h = 10$

Nous avons $d_t = 0.88965t + 23.33757$

$\hat{d}_{20+4} = \hat{d}_{24} = 0.88965 * 24 + 23.33757 = 44.68917$

$\hat{d}_{20+10} = \hat{d}_{30} = 0.88965 * 30 + 23.33757 = 50.02707$

Nous estimons les coefficients saisonniers à l'horizon $h = 4$ et $h = 10$

$$\hat{s}_{24} = \hat{s}_{24-4} = \hat{s}_{20} = -9.194475$$

$$\hat{s}_{30} = \hat{s}_{30-4} = \hat{s}_{26} = \hat{s}_{26-4} = \hat{s}_{22} = \hat{s}_{22-4} = \hat{s}_{18} = 6.564825$$

Nous avons donc les valeurs ajustées à l'horizon $h = 4$ et $h = 10$

$$\hat{x}_{24} = 44.68917 + (-9.194475) = 35.49469$$

$$\hat{x}_{30} = 50.02707 + 6.564825 = 56.5919$$

Exercices

Exercice 1. Dans une grande entreprise, on a relevé le nombre d'employés ayant fait des heures supplémentaires pendant 4 semaines dans le tableau ci-dessous :

Jour / *Semaine*	*Lundi*	*Mardi*	*Mercredi*	*Jeudi*	*Vendredi*
Semaine 1	1	0	5	2	0
Semaine 2	2	3	7	4	1
Semaine 3	4	4	10	2	2
Semaine 4	5	6	11	3	4

(a). Représenter graphiquement cette série chronologique. Commenter.

(b). Calculer la série des moyennes mobiles en choisissant judicieusement l'ordre.

(c). Calculer l'équation de droite de la tendance et tracer cette droite sur le graphique précédent.

Exercice 2. On considère la série suivante :

t	1	2	3	4	5	6	7	8	9	10
y_t	58	40	31	15	18	15	9	9	10	8

(a). Représenter graphiquement cette série.

(b). On estime la tendance par la fonction $f(t) = \frac{1}{at+b}$. Justifier ce choix.

(c). Proposer un changement de variables de façon à obtenir une tendance linéaire.

(d). Déterminer les coefficients a et b par la méthode des moindres carrés.

(e). Représenter les deux tendances obtenues sur le graphique précédent.

Exercice 3 : On dispose des données trimestrielles d'une société fabriquant des jouets en plastique aux années 2017, 2018 et 2019 dans le tableau ci-dessous :

Trimestre / *Année*	*Trimestre*	*Trimestre*	*Trimestre*	*Trimestre*
2017	18912	28362	33098	14178
2018	25052	37579	43837	18789
2019	27635	41440	48357	20718

(a). Représenter graphiquement cette série. Commenter.

(b). Graphiquement, le modèle est-il additif ou multiplicatif ?

(c). Calculer la série des moyennes mobiles en choisissant judicieusement l'ordre et représenter-la sur le même graphique.

(d). A l'aide des moyennes mobiles, estimer la tendance de manière paramétrique.

(e). Calculer les coefficients saisonniers ajustés de cette série.

(f). Déterminer les résidus

(g). Quelles sont les prévisions pour les années 2020, 2025 et 2030 ?

Chapitre 8 : Indice élémentaire et indices synthétiques

Soit un caractère quantitatif discret ou une grandeur numérique **simple** X observée à différentes unités de temps ou instants t.

Nous avons t un entier ($\in \mathbb{N}$) et $t \in \{0,1,\cdots,T\}$.

Un indice est une valeur numérique qui mesure la variation ou l'évolution d'une grandeur X au cours du temps.

L'instant $t = 0$ est considéré comme l'instant de base ou de référence, autrement dit, l'instant à partir duquel on a commencé à observer les valeurs de X.

L'observation x_0 est alors appelée la valeur de base ou de référence.

L'observation x_t est appelée la valeur courante de X à l'instant t.

Remarque : Les indices mesurent également les variations d'une grandeur observée à différentes positions d'un même espace géographique. Dans ce cours, nous nous limiterons uniquement aux indices temporels.

Enquête 8 :

Partie I : Nous nous sommes intéressés à des données annuelles relevées dans une boulangerie à Bandjoun sur une période de temps allant de 2012 à 2018.

Soit la grandeur X représentant le nombre de clients ayant souscrit à une livraison de brioches durant toute l'année en cours. Nous avons le tableau ci-dessous :

Année	t	*Nombre clients X*
2012	0	8
2013	1	11
2014	2	15
2015	3	19
2016	4	18
2017	5	21
2018	6	24

Tableau 28 : Nombre de clients ayant souscrit à la livraison de brioches de 2012 à 2018

Nous avons $T = 6$ observations, avec $t \in \{0, 1, 2, 3, 4, 5, 6\}$

- $t = 0$, est l'instant de référence, il correspond à l'année 2012.
    - $x_0 = 8$, est la valeur de référence, elle signifie qu'en 2012, la boulangerie comptait 8 clients ayant souscrit à une livraison de brioches.

- $t = 4$ est un instant courant correspondant à l'année 2016.
    - $x_4 = 18$, donc en 2016, la boulangerie comptait 18 clients ayant souscrit à une livraison de brioches.

1. Indice élémentaire

Un indice élémentaire ou simple est une valeur numérique qui mesure la variation d'une grandeur X entre deux instants t et t'.

Il est défini par :

$$I(t'/t) = \frac{x_{t'}}{x_t}$$

avec $t, t' \in \{0,1,\cdots,T\}$.

$I(t'/t)$ correspond au coefficient multiplicateur entre $x_{t'}$ et x_t. Concrètement, c'est le nombre par lequel on multiplie la valeur de X à un instant de départ t afin d'obtenir la valeur de X à l'instant d'arrivée t', et cela peu importe que la variation soit mesurée du passé vers le présent ou inversement. Autrement dit, on peut avoir $t \leq t'$ ou $t > t'$.

On note $I(t/0)$ l'indice élémentaire de la grandeur X à l'instant t par rapport à l'instant 0, qui correspond au rapport entre la valeur courante et la valeur de base.

$$I(t/0) = \frac{Valeur\ courante}{Valeur\ de\ base} = \frac{x_t}{x_0}$$

Généralement les indices élémentaires sont calculés en base 100, on parle alors d'indice élémentaire de la grandeur X à l'instant t base 100 par rapport à l'instant t'.

Il est défini par :

$$I_{100}(t'/t) = I(t'/t) \times 100 = \frac{x_{t'}}{x_t} \times 100$$

En reprenant les données de l'**enquête 8**, nous avons :

- L'indice du nombre de clients ayant souscrit de 2012 à 2018 : $I(6/0) = \frac{24}{8} = 3$.
    - Donc entre 2012 et 2018, le nombre de clients ayant souscrit à la livraison de brioches a été multiplié par 3.

- L'indice du nombre de clients ayant souscrit de 2015 à 2016 : $I(4/3) = \frac{18}{19} = 0.947$.
    - Donc entre 2015 et 2016, le nombre de clients ayant souscrit à la livraison de brioches a été multiplié par 0.947.

- L'indice du nombre de clients ayant souscrit de 2014 à 2017 : $I(5/2) = \frac{21}{15} = 1.4$.
    - Donc entre 2015 et 2016, le nombre de clients ayant souscrit à la livraison de brioches a été multiplié par 1.4.

Nous avons le tableau des indices :

	$t' = 0$	$t' = 1$	$t' = 2$	$t' = 3$	$t' = 4$	$t' = 5$	$t' = 6$
$t = 0$	1	1.375	1.875	2.375	2.25	2.625	3
$t = 1$	0.727	1	1.363	1.727	1.636	1.909	2.181
$t = 2$	0.533	0.733	1	1.266	1.2	1.4	1.6
$t = 3$	0.421	0.578	0.789	1	0.947	1.105	1.263
$t = 4$	0.444	0.611	0.833	1.055	1	1.166	1.333
$t = 5$	0.3809	0.523	0.714	0.904	0.857	1	1.142
$t = 6$	0.333	0.458	0.625	0.791	0.75	0.875	1

Tableau 29: Indice de clients ayant souscrit à la livraison de brioche de 2012 à 2018

Nous calculons les indice base 100 :

Indice base 100 de nombre de clients de 2012 à 2015 est $I(6/0) \times 100 = 300$.

Indice base 100 de nombre de clients de 2015 à 2016 est $I(4/3) \times 100 = 94.7$.

Indice base 100 de nombre de clients de 2014 à 2017 est $I(5/2) \times 100 = 140$.

Nous avons le tableau des indices base 100 :

	$t' = 0$	$t' = 1$	$t' = 2$	$t' = 3$	$t' = 4$	$t' = 5$	$t' = 6$
$t = 0$	100	137.5	187.5	237.5	225	262	300
$t = 1$	72.7	100	136.3	172.7	163.6	190.9	218.1
$t = 2$	53.3	73.3	100	126.6	120	140	160
$t = 3$	42.1	57.8	78.9	100	94.7	110.5	126.3
$t = 4$	44.4	61.1	83.3	105.5	100	116.6	133.3
$t = 5$	38.09	52.3	71.4	90.4	85.7	100	114.2
$t = 6$	33.3	45.8	62.5	79.1	75	87.5	100

Tableau 30 : Indice base 100 de clients ayant souscrit à la livraison de brioche de 2012 à 2018

L'intérêt de transformer en base 100 est de pouvoir avoir les valeurs en pourcentage, en particulier lorsqu'on calcule les taux de variation.

1.1. Taux de variation

Il est courant de calculer à partir de l'indice le taux de variation entre les instants t' et t.

Il est défini par :

$$\Delta_{t'/t} = \frac{x_{t'} - x_t}{x_t} = I(t'/t) - 1$$

Ou

$$\Delta_{t'/t}(\%) = \Delta_{t'/t} \times 100 = I_{100}(t'/t) - 100$$

- Si $\Delta(t'/t) > 0$, alors X augmente de $\Delta_{t'/t}(\%)$ entre l'instants t et l'instant t'.
- Si $\Delta(t'/t) < 0$, alors X diminue de $\Delta_{t'/t}(\%)$ entre l'instants t et l'instant t'.

Le taux de variation lié à l'indice élémentaire $I(t/0)$ est donc :

$$\Delta(t/0) = \frac{x_t - x_0}{x_0} = I(t/0) - 1$$

En reprenant les données de l'**enquête 8**, nous calculons les taux de variation (%) entre les instants t et t'.

Nous avons :

- $\Delta_{6/0}(\%) = \Delta_{6/0} \times 100 = I_{100}(6/0) - 100 = 300 - 100 = 200\%$
    - Donc entre 2012 et 2018, le nombre de clients ayant souscrit à la livraison de brioches a augmenté de 200%.

- $\Delta_{4/3}(\%) = \Delta_{4/3} \times 100 = I_{100}(4/3) - 100 = 94.7 - 100 = -5.3\%$

- Donc entre 2015 et 2016, le nombre de clients ayant souscrit à la livraison de brioches a diminué de 5.3%.

- $\Delta_{5/2}(\%) = \Delta_{5/2} \times 100 = I_{100}(5/2) - 100 = 140 - 100 = 40\%$
    - Donc entre 2014 et 2017, le nombre de clients ayant souscrit à la livraison de brioches a augmenté de 40%.

En généralisant nous avons le tableau ci-dessous :

	$t' = 0$	$t' = 1$	$t' = 2$	$t' = 3$	$t' = 4$	$t' = 5$	$t' = 6$
$t = 0$	0	37.5	87.5	137.5	125	162.5	200
$t = 1$	−27.3	0	36.4	72.7	63.6	90.9	118.1
$t = 2$	−46.7	−26.7	0	26.6	20	40	60
$t = 3$	−57.9	−42.2	−21.1	0	−5.3	10.5	26.3
$t = 4$	−55.5	−38.9	−16.7	5.55	0	16.6	33.3
$t = 5$	−61.91	−47.6	−28.5	−9.5	−14.3	0	14.2
$t = 6$	−66.7	−54.2	−35.5	−20.9	−25	−12.5	0

Tableau 30 : taux de variation (%) 100 de clients ayant souscrit à la livraison de brioche de 2012 à 2018

1.2. Propriété des indices élémentaires

Un indice élémentaire $I(t'/t)$ dispose de trois principales propriétés :

- L'**identité :** $\forall\, t$; on a toujours $I(t/t) = 1$ ou $I_{100}(t/t) = 100$.

En reprenant les données de l'**enquête 8**, nous avons :

$$I(0/0) = I(1/1) = I(2/2) = I(3/3) = I(4/4) = I(5/5) = I(6/6) = 1$$

Ou

$$I_{100}(0/0) = I_{100}(1/1) = I_{100}(2/2) = I_{100}(3/3) = I_{100}(4/4) = I_{100}(5/5) = I_{100}(6/6) = 100$$

- La **circularité :** Soit les valeurs de X aux instants t, t' et t''. Nous avons $t'' > t' > t$:

$$I(t''/t) = I(t''/t') \times I(t'/t)$$

En base 100 :

$$I_{100}(t''/t) = I_{100}(t''/t') \times I_{100}(t'/t) \times \frac{1}{100}$$

En reprenant les données de l'**enquête 8**, le nombre de clients ayant souscrit à une livraison de brioches a augmenté de 26.6% entre 2014 et 2015, et diminué de 5.3%. entre 2015 et 2016.

Pour savoir si le nombre de souscriptions a augmenté ou diminué entre 2014 et 2016, on applique la propriété de circularité des indices élémentaires.

$$I_{100}(4/2) = I_{100}(4/3) \times I_{100}(3/2) \times \frac{1}{100}$$

$$I_{100}(4/2) = \left(\frac{19}{15} \times 100\right) \times \left(\frac{18}{19} \times 100\right) \times \frac{1}{100}$$

$$I_{100}(4/2) = 120$$

Nous avons $\Delta_{4/2}(\%) = I_{100}(4/2) - 100 = 120 - 100 =$ 20%

Donc le nombre de clients ayant souscrit à une livraison de brioches a augmenté de 20% entre 2014 et 2016, ce qui confirme bien la valeur trouvée dans le tableau des taux de variation.

Attention : Il ne faut surtout pas faire 26.6 – 5.3 = 21.3%. Les pourcentages ne s'additionnent (ou ne se soustraient) pas.

Généralisation : Soit les valeurs de X aux instants $\{0, \cdots, t, \cdots T\}$, alors :

$$I(T/0) = I(T/(T-1)) \times \cdots \times I(t/(t-1)) \times \cdots \times I(1/0)$$

En base 100 :

$$I_{100}(T/0) = I_{100}(T/(T-1)) \times \cdots \times I_{100}(t/(t-1)) \times \cdots \times I_{100}(1/0) \times \frac{1}{100^{(T-0)-1}}$$

Remarque : Un indice qui possède cette propriété est appelé indice chaîne, car il peut s'écrire comme une succession de produits de lui-même entre différents instants.

- La **réversibilité :** Soit les valeurs de *X* aux instants t et t', alors :

$$I(t/t') = \frac{1}{I(t'/t)}$$

En base 100 :

$$I_{100}(t/t') = \frac{100^2}{I_{100}(t'/t)}$$

Cette propriété se déduit des deux propriétés précédentes.

En reprenant les données de l'**enquête 8**, si le nombre de clients ayant souscrit à une livraison de brioches a augmenté de 10.5% entre 2015 et 2017. Comment évolue-t-il entre 2017 et 2015 ?

$$I_{100}(3/5) = \frac{100^2}{I_{100}(5/3)} = \frac{100^2}{110.5} = 90.49$$

Nous avons $\Delta_{3/5}(\%) = I_{100}(3/5) - 100 = 90.49 - 100 = 9.51\%$

Donc le nombre de clients ayant souscrit à une livraison de brioches diminue de 9.51% entre 2017 et 2015, ce qui confirme bien la valeur trouvée dans le tableau des taux de variation.

Attention : Il ne faut surtout pas dire"une diminution de $\Delta_{5/3}(\%) = 10.5\%$ ". Les pourcentages ne sont pas réversibles.

- **Le produit des grandeurs :** Soit X, Y et Z trois grandeurs simples telles que X soit toujours égale à :
  - au produit entre Y et Z $(X = Y \times Z)$, alors

$$I^X(t'/t) = I^Y(t'/t) \times I^Z(t'/t)$$

En base 100 :

$$I_{100}^X(t'/t) = I_{100}^Y(t'/t) \times I_{100}^Z(t'/t) \times \frac{1}{100}$$

  - au rapport entre Y et Z $\left(X = \frac{Y}{Z}\right)$, alors

$$I^X(t'/t) = \frac{I^Y(t'/t)}{I^Z(t'/t)}$$

En base 100 :

$$I_{100}^X(t'/t) = \frac{I_{100}^Y(t'/t)}{I_{100}^Z(t'/t)} \times 100$$

2. Indices synthétiques

Un indice synthétique est une valeur numérique qui mesure la variation d'une grandeur complexe entre deux instants t et t'.

Une grandeur complexe est une grandeur qui est composé de plusieurs grandeurs simples, c'est-à-dire qu'elle peut s'écrire comme une combinaison linéaire de plusieurs grandeurs simples.

Dans cette partie, nous ne verrons que les indices synthétiques des grandeurs relatives aux prix des articles dans le commerce.

Nous avons relevé dans la même boulangerie à Bandjoun les prix et les quantités vendues de trois articles, les beignets, les croissants, et le pain entre 2016 et 2018.

		Prix (en centaine de F CF			*Quantités*		
Année	*t*	*Beignet*	*Croissant*	*Pain*	*Beignet*	*Croissant*	*Pain*
2016	0	0.75	3.65	1.15	70	45	25
2017	1	0.85	4.25	1.25	80	50	30
2018	2	1	4.5	1.5	85	60	35

Tableau 31: Prix et quantités vendues de trois articles de la boulangerie

2.1. Indices des valeurs globales

2.1.1. Cas d'un unique article

Soient les grandeurs P et Q représentant respectivement la série des prix et des quantités d'**un unique** article observés au cours du temps, avec :

- p_t le prix de l'article à l'instant t.
- q_t la quantité (ou le nombre) d'articles à l'instant t.

Soit la grandeur $V = P \times Q$ représentant la série des valeurs globales de cet article observé au cours du temps.

Nous avons v_t , la valeur globale de l'article à l'instant t. Elle est définie par :

$$v_t = q_t \times p_t$$

L'indice des valeurs globales entre les instants t et t' est défini par :

$$I^V(t'/t) = \frac{q_{t'} \times p_{t'}}{q_t \times p_t}$$

En base 100 :

$$I^V_{100}(t'/t) = I^V(t'/t) \times 100$$

En reprenant les données de l'**enquête 8, partie II**, si nous ne considérerons que des prix et des quantités de beignets vendus entre 2016 et 2018.

- Les valeurs globales sont égales à :
  - $V_0 = 70 * 0.75 = 52.5\ (5250\ F\ CFA)$
  - $V_1 = 80 * 0.85 = 68\ (6800\ F\ CFA)$
  - $V_2 = 85 * 1 = 85\ (8500\ F\ CFA)$.

Elles correspondent aux recettes des beignets vendus respectivement en 2016, en 2017 et en 2018 (aux instants $t = 0, 1$ et 2).

L'indice des valeurs globales base 100 entre 2016 et 2018.

$$I^V_{100}(2/0) = \frac{V_2}{V_0} \times 100 = \frac{85}{52.5} \times 100 = 161.904$$

- Nous avons $\Delta_{2/0}(\%) = I^V_{100}(2/0) - 100 = 161.904 - 100 = 61.904\%$
- Donc la recette des beignets a augmenté de 61.904% entre 2016 et 2018.

L'indice des valeurs globales se définit également comme le produit entre l'indice des quantités et l'indice des prix :

$$I^V(t'/t) = I^Q(t'/t) \times I^P(t'/t) = \frac{q_{t'}}{q_t} \times \frac{p_{t'}}{p_t}$$

En base 100 :

$$I_{100}^V(t'/t) = I^V(t'/t) \times 100$$
$$= I_{100}^Q(t'/t) \times I_{100}^P(t'/t) \times \frac{1}{100}$$

En reprenant les données de l'**enquête 8, partie II**, L'indice des valeurs globales base 100 des prix et des quantités entre 2016 et 2018.

$$I_{100}^P(2/0) = \frac{1}{0.75} \times 100 = 133.333$$

$$I_{100}^Q(2/0) = \frac{85}{70} \times 100 = 121.428$$

- $\Delta_{2/0}^P(\%) = I_{100}^P(2/0) - 100 = 133.333 - 100 = 33.333\%$
- $\Delta_{2/0}^Q(\%) = I_{100}^Q(2/0) - 100 = 121.428 - 100 = 21.428\%$

Entre 2016 et 2018, le prix des beignets augmente de 33.333% et la quantité de beignets vendus augmente de 21.428%.

Donc l'augmentation des prix influence le plus l'augmentation de la recette des ventes de beignets entre 2016 et 2018.

Remarque : Les valeurs de $I^Q(t'/t)$ et $I^P(t'/t)$ permettent de déduire lequel des prix ou des quantités influencent le plus la variation de la valeur globale entre les instants t et t'.

2.1.2. Cas de plusieurs articles

Soit n grandeurs $P_1, \cdots, P_i, \cdots, P_n$ et n grandeurs $Q_1, \cdots, Q_i, \cdots, Q_n$ représentant respectivement les séries des prix et des quantités de n articles observés au cours du temps.

Avec $i, n \in \mathbb{N}$ et $n \geq 2$.

On note :

- P_i la série des prix du i^{ème} article au cours du temps.
- Q_i la série des quantités du i^{ème} article au cours du temps.
- p_{it} le prix du i^{ème} article à l'instant t.
- q_{it} la quantité de i^{ème} article à l'instant t.

Soit $v_{i,t}$, la valeur globale du i^{ème} article à l'instant t. Elle est définie par :

$$v_{it} = q_{it} \times p_{it}$$

Soit V_t, la valeur globale de l'ensemble des articles à l'instant t. Elle est définie par :

$$V_t = \sum_{i=1}^{n} v_{it} = \sum_{i=1}^{n} q_{it} \times p_{it}$$

L'indice des valeurs globales de l'ensemble des articles entre les instants t et t'est :

$$I^V(t'/t) = \frac{V_{t'}}{V_t} = \frac{\sum_{i=1}^{n} v_{it'}}{\sum_{i=1}^{n} v_{it}} = \frac{\sum_{i=1}^{n} q_{it'} \times p_{it'}}{\sum_{i=1}^{n} q_{it} \times p_{it}}$$

En base 100 :

$$I_{100}^V(t'/t) = I^V(t'/t) \times 100 = \frac{V_{t'}}{V_t} \times 100$$

En reprenant les données de l'**enquête 8, partie II**, nous avons :

- $P_1 = \{75, 85, 100\}$ l'ensemble des prix $(en\ F\ CFA)$ d'un beignet de 2016 à 2018.
    - $p_{1,0} = 75\ F\ CFA$, la valeur du prix d'un beignet en 2016
    - $p_{1,1} = 85\ F\ CFA$, la valeur du prix d'un beignet en 2017
    - $p_{1,2} = 100\ F\ CFA$, la valeur du prix d'un beignet en 2018.
- $Q_1 = \{70, 80, 85\}$, l'ensemble des quantités de beignets de 2016 à 2018.
    - $q_{1,0} = 70$, la quantité de beignets vendus en 2016
    - $q_{1,1} = 80$, la quantité de beignets vendus en 2017
    - $q_{1,2} = 85$, la quantité de beignets vendus en 2018.

- $P_2 = \{365, 425, 450\}$, l'ensemble des prix du croissant de 2016 à 2018.
    - $p_{2,0} = 365\ F\ CFA$, la valeur du prix d'un croissant en 2016
    - $p_{2,1} = 425\ F\ CFA$, la valeur du prix d'un croissant en 2017
    - $p_{2,2} = 450\ F\ CFA$, la valeur du prix d'un croissant en 2018.
- $Q_2 = \{45, 50, 60\}$, l'ensemble des quantités de croissants de 2016 à 2018.
    - $q_{2,0} = 45$, la quantité de croissants vendus en 2016
    - $q_{2,1} = 50$, la quantité de croissants vendus en 2017
    - $q_{3,2} = 60$, la quantité de croissants vendus en 2018.

- $P_3 = \{115, 125, 150\}$, l'ensemble des prix du pain de 2016 à 2018.
    - $p_{3,0} = 115\ F\ CFA$, la valeur du prix d'un pain en 2016
    - $p_{3,1} = 125\ F\ CFA$, la valeur du prix d'un pain en 2017
    - $p_{3,2} = 150\ F\ CFA$, la valeur du prix d'un pain en 2018.
- $Q_3 = \{25, 30, 35\}$, l'ensemble des quantités de pains de 2016 à 2018.
    - $q_{3,0} = 25$, la quantité de pains vendus en 2016

- $q_{3,1} = 35$, la quantité de pains vendus en 2017
- $q_{3,2} = 35$, la quantité de pains vendus en 2018.

- Les valeurs globales de l'ensemble des articles aux instants t :
  - $V_0 = 70 * 0.75 + 45 * 3.65 + 25 * 1.15 = 245.5$
  - $V_1 = 80 * 0.85 + 50 * 4.25 + 30 * 1.25 = 318$
  - $V_2 = 85 * 1 + 60 * 4.5 + 35 * 1.5 = 407.5$

La valeur globale dans ce cas correspond à la recette des ventes de beignets, de croissants et de pains.

- L'indice des valeurs globales base 100 entre 2016 et 2017 est égal à :

$$I_{100}^{V}(1/0) = \frac{V_1}{V_0} \times 100 = \frac{318}{245.5} \times 100 = 129.531$$

  - Nous avons $\Delta_{1/0}(\%) = I_{100}^{V}(1/0) - 100 = 129.531 - 100 = 29.531\%$
  - Donc les recettes ont augmenté de 29.531% entre 2016 et 2017.

- L'indice des valeurs globales base 100 entre 2017 et 2018

$$I_{100}^{V}(2/1) = \frac{V_2}{V_1} \times 100 = \frac{407.5}{318} \times 100 = 128.144$$

- Nous avons $\Delta_{2/1}(\%) = I_{100}^{V}(2/1) - 100 = 128.144 - 100 = 28.144\%$
- Donc les recettes ont augmenté de 28.144% entre 2017 et 2018.

- L'indice des valeurs globales base 100 entre 2016 et 2018

$$I_{100}^{V}(2/0) = \frac{V_2}{V_0} \times 100 = \frac{407.5}{245.5} \times 100 = 165.987$$

- Nous avons $\Delta_{2/0}(\%) = I_{100}^{V}(2/0) - 100 = 165.987 - 100 = 65.987\%$
- Donc les recettes ont augmenté de 65.987% entre 2016 et 2018.

Remarque : Avec plusieurs articles, il est impossible de calculer $I^V(t'/t)$ en fonction de $I^Q(t'/t)$ et $I^P(t'/t)$, par conséquent, déterminer l'influence des variations des quantités ou des prix sur la variation de la valeur globale n'est pas évidente. Pour y remédier, nous allons définir des indices particuliers.

2.2. Indices de Laspeyres

L'indice de Laspeyres mesure la variation des quantités ou des prix entre les instants t et t'.

Le principe consiste à :

- calculer l'indice de Laspeyres des quantités, sous l'hypothèse que les prix de l'instant d'arrivée t' sont égaux à ceux de l'instant de départ t.
- calculer l'indice de Laspeyres des prix, sous l'hypothèse que les quantités de l'instant d'arrivée t' sont égales à celles de l'instant de départ t.

Ils sont respectivement définis par :

$$L^Q(t'/t) = \frac{\sum_{i=1}^{n} q_{it'} \times p_{it}}{\sum_{i=1}^{n} q_{it} \times p_{it}} \ et \ L^P(t'/t) = \frac{\sum_{i=1}^{n} q_{it} \times p_{it'}}{\sum_{i=1}^{n} q_{it} \times p_{it}}$$

En base 100 :

$$L_{100}^Q(t'/t) = L^Q(t'/t) \times 100 \ et \ L_{100}^P(t'/t) = L^P(t'/t) \times 100$$

En reprenant les données de l'**enquête 8, partie II**, nous avons l'indice de Laspeyres base 100 des quantités et des prix entre 2016 et 2018 respectivement égales à :

$$L_{100}^Q(2/0) = \frac{\sum_{i=1}^{3} q_{i2} \times p_{i0}}{\sum_{i=1}^{3} q_{i0} \times p_{i0}} \times 100 = \frac{85 * 0.75 + 60 * 3.65 + 35 * 1.15}{70 * 0.75 + 45 * 3.65 + 25 * 1.15} * 100$$

$$L_{100}^Q(2/0) = 131.568$$

$$L_{100}^{P}(2/0) = \frac{\sum_{i=1}^{3} q_{i0} \times p_{i2}}{\sum_{i=1}^{3} q_{i0} \times p_{i0}}$$

$$= \frac{70 * 1 + 45 * 4.5 + 25 * 1.5}{70 * 0.75 + 45 * 3.65 + 25 * 1.15} * 100$$

$$L_{100}^{P}(2/0) = 126.272$$

De 2016 et 2018,

- A quantités fixées en 2016, les prix ont augmenté de 26.272%
- A prix fixés en 2016, les quantités ont augmenté de 31.568%.

Selon l'indice de Laspeyres, l'augmentation des quantités influence le plus l'augmentation de la recette des ventes de beignets, de croissants et de pains entre 2016 et 2018.

2.3. Indices de Paasche

L'indice de Paasche mesure la variation des quantités ou des prix entre les instants t et t'.

Le principe consiste à :

- calculer l'indice de Paasche des quantités, sous l'hypothèse que les prix de l'instant de départ t sont égaux à ceux de l'instant d'arrivée t'.
- calculer l'indice de Paasche des prix, sous l'hypothèse que les quantités de l'instant de départ t sont égales à celles de l'instant d'arrivée t'.

Ils sont respectivement définis par :

$$P^{Q}(t'/t) = \frac{\sum_{i=1}^{n} q_{it'} \times p_{it'}}{\sum_{i=1}^{n} q_{it} \times p_{it'}} \; et \; P^{P}(t'/t) = \frac{\sum_{i=1}^{n} q_{it'} \times p_{it'}}{\sum_{i=1}^{n} q_{it'} \times p_{it}}$$

En base 100 :

$$P_{100}^{Q}(t'/t) = P^{Q}(t'/t) \times 100 \; et \; P_{100}^{P}(t'/t) = P^{P}(t'/t) \times 100$$

En reprenant les données de l'**enquête 8, partie II**, nous avons les indices de Paasche base 100 des quantités et des prix entre 2016 et 2018 respectivement égales à :

$$P_{100}^{Q}(2/0) = \frac{\sum_{i=1}^{3} q_{i2} \times p_{i2}}{\sum_{i=1}^{3} q_{i0} \times p_{i2}} \times 100 = \frac{85 * 1 + 60 * 4.5 + 35 * 1.5}{70 * 1 + 45 * 4.5 + 25 * 1.5} * 100$$

$$P_{100}^{Q}(2/0) = 131.451$$

$$P_{100}^{P}(2/0) = \frac{\sum_{i=1}^{3} q_{i2} \times p_{i2}}{\sum_{i=1}^{3} q_{i2} \times p_{i0}} \times 100 = \frac{85 * 1 + 60 * 4.5 + 35 * 1.5}{85 * 0.75 + 60 * 3.65 + 35 * 1.15} * 100$$

$$P_{100}^{P}(2/0) = 126.161$$

De 2016 et 2018,

- A quantités fixées en 2018, les prix ont augmenté de 26.161%
- A prix fixés en 2018, les quantités ont augmenté de 31.451%.

L'indice de Paasche confirme que l'augmentation des quantités influence le plus l'augmentation de la recette des ventes de beignets, de croissants et de pains entre 2016 et 2018.

Remarque : L'indice de Paasche est toujours inférieur ou égal à l'indice de Laspeyres, car l'indice de Laspeyres est une moyenne arithmétique d'indices élémentaires tandis que l'indice de Paasche est plutôt une moyenne harmonique[26]. Plus l'écart entre les deux indices est grand, moins l'interprétation de l'influence des prix ou des quantités est précise. Pour une meilleure précision, on a souvent recours à des indices synthétiques moyens.

2.4. Indices de Fisher

L'indice de Fisher mesure la variation des quantités ou des prix entre les instants t et t', en faisant la moyenne géométrique des indices de Laspeyres et de Paasche.

Les indices de Fisher des quantités et des prix sont respectivement définis par :

$$F^Q(t'/t) = \sqrt{L^Q(t'/t) \times P^Q(t'/t)} \; et \; F^P(t'/t) = \sqrt{L^P(t'/t) \times P^P(t'/t)}$$

En base 100 :

$$F_{100}^Q(t'/t) = \sqrt{L_{100}^Q(t'/t) \times P_{100}^Q(t'/t)} = F^Q(t'/t) \times 100$$

[26]On a toujours $\bar{x}_H \leq \bar{x}_G \leq \bar{x}$ (Cf. Chapitre 1)

$$F_{100}^{P}(t'/t) = \sqrt{L_{100}^{P}(t'/t) \times P_{100}^{P}(t'/t)} = F^{P}(t'/t) \times 100$$

En reprenant les données de l'**enquête 8, partie II**, nous avons les indices de Fisher base 100 des quantités et des prix entre 2016 et 2018 respectivement de :

$$F_{100}^{Q}(2/0) = \sqrt{L_{100}^{Q}(2/0) \times P_{100}^{Q}(2/0)}$$
$$= \sqrt{131.568 * 131.451} = 131.5095$$

$$F_{100}^{P}(2/0) = \sqrt{L_{100}^{P}(2/0) \times P_{100}^{P}(2/0)}$$
$$= \sqrt{126.272 * 126.161} = 126.2165$$

Selon l'indice de Fisher, entre 2016 et 2018,

- les prix ont augmenté de 26.2165%
- les quantités ont augmenté de 31.5095%.

Rien de nouveau n'a été apporté sur les valeurs et les interprétations des prix et des quantités, cela s'explique par le fait que les indices de Laspeyres et de Paasche sont quasi-égaux, le calcul de l'indice de Fisher est inutile.

Proposition : $\forall\, t$ et t' nous avons les relations suivantes :

$$I^{V}(t'/t) = L^{Q}(t'/t) \times P^{P}(t'/t)$$

$$I^{V}(t'/t) = P^{Q}(t'/t) \times L^{P}(t'/t)$$

$$I^{V}(t'/t) = F^{Q}(t'/t) \times F^{P}(t'/t)$$

En base 100 :

$$I_{100}^{V}(t'/t) = L_{100}^{Q}(t'/t) \times P_{100}^{P}(t'/t) \times \frac{1}{100}$$
$$= L^{Q}(t'/t) \times P^{P}(t'/t) \times 100$$

$$I_{100}^{V}(t'/t) = P_{100}^{Q}(t'/t) \times L_{100}^{P}(t'/t) \times \frac{1}{100}$$
$$= P^{Q}(t'/t) \times L^{P}(t'/t) \times 100$$

$$I_{100}^{V}(t'/t) = F_{100}^{Q}(t'/t) \times F_{100}^{P}(t'/t) \times \frac{1}{100}$$
$$= F^{Q}(t'/t) \times F^{P}(t'/t) \times 100$$

En reprenant les données de l'**enquête 8, partie II,** nous vérifions la proposition :

$$I_{100}^{V}(2/0) \approx L^{Q}(2/0) \times P^{P}(2/0) \times 100$$
$$= 1.31568 * 1.26161 * 100 = 165.9875$$

$$I_{100}^{V}(2/0) \approx P^{Q}(2/0) \times L^{P}(2/0) \times 100$$
$$= 1.31451 * 1.26272 * 100 = 165.9858$$

$$I_{100}^{V}(2/0) \approx F^{Q}(2/0) \times F^{P}(2/0) \times 100$$
$$= 1.315095 * 1.262165 * 100$$
$$= 165.9867$$

2.5. Indices de Sidgwick

L'indice de Sidgwick mesure la variation des quantités ou des prix entre les instants t et t', en faisant la moyenne arithmétique des indices de Laspeyres et de Paasche.

Les indices de Sidgwick des quantités et des prix sont respectivement définis par :

$$S^Q(t'/t) = \frac{L^Q(t'/t) + P^Q(t'/t)}{2} \; et \; S^P(t'/t) = \frac{L^P(t'/t) + P^P(t'/t)}{2}$$

En base 100 :

$$S_{100}^Q(t'/t) = S^Q(t'/t) \times 100 \; et \; S_{100}^P(t'/t) = S^P(t'/t) \times 100$$

En reprenant les données de l'**enquête 8, partie II**, nous avons les indices de Sidgwick base 100 des quantités et des prix entre 2016 et 2018 respectivement de :

$$S_{100}^Q(2/0) = \frac{L^Q(2/0) + P^Q(2/0)}{2} \times 100 = \frac{1.31568 + 1.31451}{2} \times 100$$

$$S_{100}^Q(2/0) = 131.5095$$

$$S_{100}^P(2/0) = \frac{L^P(2/0) + P^P(2/0)}{2} \times 100 = \frac{1.26272 + 1.26161}{2} \times 100$$

$$S_{100}^P(2/0) = 126.2165$$

Selon l'indice de Sidgwick, entre 2016 et 2018,

- les prix ont augmenté de 26.2165%
- les quantités ont augmenté de 31.5095%.

L'indice de Sidgwick n'apporte également rien de nouveau, de plus il est égal à l'indice de Fisher pour les prix et les quantités, cela s'explique aisément par le fait que les indices de Laspeyres et de Paasche sont quasi-égaux, normalement il est inutile de les calculer.

3. Propriétés sur les indices synthétiques

Soit X une grandeur représentant les prix ou les quantités d'un ensemble d'articles.

Les indices synthétiques possèdent toutes la propriété d'identité par contre ils ne possèdent ni la circularité, ni réversibilité à l'exception de l'indice de Fisher juste pour la réversibilité. Nous aurons donc :

$$F^X(t'/t) = \frac{1}{F^X(t/t')} \text{ ou } F_{100}^X(t'/t) = \frac{100^2}{F_{100}^X(t/t')} (base\ 100)$$

$\forall\, t \text{ et } t' \in \{0, 1, \cdots, T\}$, les indices de Laspeyres et de Paasche vérifient la relation :

$$L^X(t'/t) = \frac{1}{P^X(t/t')} \text{ ou } L_{100}^X(t'/t) = \frac{100^2}{P_{100}^X(t/t')} (base\ 100)$$

Remarque : Si nous ne disposons que d'**un seul** article, alors l'indice des valeurs globales possède toutes les propriétés d'un indice élémentaire.

Exercices

Exercice 1. L'évolution des indices élémentaires du prix d'un bien est retracée dans le tableau ci-dessous :

Année d'arrivée / Année de départ	2016	2017	2018	2019
2016	100	80		
2017		100		
2018		50	100	
2019			40	100

Compléter le tableau en énonçant pour chaque cas les différentes propriétés utilisées.

Exercice 2. Une entreprise produit une année t, 8000 carnets qu'elle vend 400 F CFA pièce. L'année suivante t', elle produit 10240 carnets qu'elle vend 375 F CFA pièce.

(a). Déterminer l'indice du prix $I^P(t'/t)$ d'un carnet. Interpréter.

(b). Déterminer l'indice de quantité de la production $I^Q(t'/t)$ de l'entreprise. Interpréter.

(c). Déterminer l'indice de valeur de la production $I^V(t'/t)$ de l'entreprise. Interpréter.

(d). En déduire les taux de variation en pourcentage $\Delta(\%)$ du prix, de quantité et de valeur de la production. Interpréter chacun.

Exercice 3. Une entreprise de nettoyage propose trois types de service. On recueille en 2016 et en 2019, le nombre moyen d'heures de travail par employé et le coût horaire (en milliers de F CFA) pour les services 1, 2 et 3.

	2016		2019	
	Nombre d'heures	Coût horaire	Nombre d'heures	Coût horaire
Service 1	180	0.6	150	0.65
Service 2	132	0.75	106	0.95
Service 3	60	0.7	28	1.80

(a). Calculer l'indice des salaires globaux des employés en 2019 base 100 en 2016. Interpréter à l'aide des taux de variations.

(b). Calculer les indices de Laspeyres du nombre d'heures et de coût. Interpréter à l'aide des taux de variations l'influence du nombre d'heures et du coût.

(c). Idem pour l'indice de Paasche.

(d). Calculer les indices de Fisher. Etait-il nécessaire de le calculer ?

(e). Déduire à l'aide des taux de variations en pourcentage l'évolution du nombre d'heures et de coût de 2019 à 2016.

Bibliographie

[1] Alain BACCINI; Statistique Descriptive Elémentaire (Mai 2010)

[2] Lorenzo Giovanni BELLU; Analyse d'inégalité L'indice de Gini

[3] Jean-François COEURJOLLY; Statistiques Descriptives

[4] Jairo CUGLIARI; Séries chronologiques (02 février 2016)

[5] Thierry FOUCART; Statistique appliquée à la gestion et au marketing

[6] Michaël GÉNIN; Statistique descriptive

[7] Nicolas JÉGOU; Statistique Descriptive

[8] Virginie JOURDAN; Statistiques bivariées

[9] Julien LABREUCHE; Les différents types de variables, leurs représentations graphiques et paramètres descriptifs

[10] Agnès LAGNOUX; Séries Chronologiques

[11] Agnès LAGNOUX; Statistique pour les Sciences Humaines I

[12] Frédéric LAVANCIER; Statistiques descriptives

[13] O. ROUSTANT;INTRODUCTION AUX SÉRIES CHRONOLOGIQUES, AXE MÉTHODES STATISTIQUES ET APPLICATIONS (Novembre 2008)

[14] Sylvain RUBENTHALER, Série chronologique (avec R) (Cours et exercices) M1 IM, 2018-2019

[15] Frédéric SANTOS; Le rapport de corrélation : mesurer la liaison entre une variable qualitative et une variable quantitative.

[16] Gilbert SAPORTA; Probabilités, analyse des données et statistique

[17] Yves TILLÉ; Résumé du Cours de Statistique Descriptive (15 décembre 2010)

[18] Patricia VORNETTI, Statistiques & Informatique- L1 Sc Eco, Chapitre 2

[19] Antoine AYACHE & Julien HAMONIER; Cours de Statistique Descriptive

[20] J.J. DAUDIN, C. DUBY, S. ROBIN & P. TRECOURT; Analyse de Séries Chronologiques (Mai 1996)

[21] CNED-ACADEMIE EN LIGNE; Statistiques

[22] COURS 5; Les mesures de dispersion

[23] REPERES, chapitre 5 : les indices

[24] Survey magazine ; Analyse des séries chronologiques

Structures éditoriales du groupe L'Harmattan

L'Harmattan Italie
Via degli Artisti, 15
10124 Torino
harmattan.italia@gmail.com

L'Harmattan Hongrie
Kossuth l. u. 14-16.
1053 Budapest
harmattan@harmattan.hu

L'Harmattan Sénégal
10 VDN en face Mermoz
BP 45034 Dakar-Fann
senharmattan@gmail.com

L'Harmattan Cameroun
TSINGA/FECAFOOT
BP 11486 Yaoundé
inkoukam@gmail.com

L'Harmattan Burkina Faso
Achille Somé – tengnule@hotmail.fr

L'Harmattan Guinée
Almamya, rue KA 028 OKB Agency
BP 3470 Conakry
harmattanguinee@yahoo.fr

L'Harmattan RDC
185, avenue Nyangwe
Commune de Lingwala – Kinshasa
matangilamusadila@yahoo.fr

L'Harmattan Congo
67, boulevard Denis-Sassou-N'Guesso
BP 2874 Brazzaville
harmattan.congo@yahoo.fr

L'Harmattan Mali
ACI 2000 - Immeuble Mgr Jean Marie Cisse
Bureau 10
BP 145 Bamako-Mali
mali@harmattan.fr

L'Harmattan Togo
Djidjole – Lomé
Maison Amela
face EPP BATOME
ddamela@aol.com

L'Harmattan Côte d'Ivoire
Résidence Karl – Cité des Arts
Abidjan-Cocody
03 BP 1588 Abidjan
espace_harmattan.ci@hotmail.fr

Nos librairies en France

Librairie internationale
16, rue des Écoles
75005 Paris
librairie.internationale@harmattan.fr
01 40 46 79 11
www.librairieharmattan.com

Librairie des savoirs
21, rue des Écoles
75005 Paris
librairie.sh@harmattan.fr
01 46 34 13 71
www.librairieharmattansh.com

Librairie Le Lucernaire
53, rue Notre-Dame-des-Champs
75006 Paris
librairie@lucernaire.fr
01 42 22 67 13